PTSDの日本兵の家族の思いと願い

PTSDの復員日本兵と暮らした家族が語り合う会／編

はじめに

私は、ＰＴＳＤの復員兵と暮らしや家族を語り合う会を、２０１８年に立ち上げました。本当に孤立無援、一人で初めてからわずか4年、２０２２年8月7日に「ＰＴＳＤの日本兵の家族の思いと願い・証言集会」を開催し、地元の武蔵村山市の小ホールとはいえ、２５０人を超えるところで、皆さんとお会いできるとは夢にも思っておりませんでした。心からお礼申し上げます。

証言集会の第1部では、私たち三人が自らの体験を公の席上で初めて話しました。ＰＴＳＤの日本兵の子どもと家族が自らの意思で公の席上で話す、日本の歴史上初めてのことです。敗戦から77年たって、私自身も74歳になって、初めて多くの皆さんの前で自分の父親のことをお話しします。歴史的な意味をふまえて、証言集会という名前で開催しました。

第2部では、一橋大学名誉教授で東京大空襲・資料センター館長の吉田裕先生から「兵士の心と身体からみたアジア・太平洋戦争」と題し講演いただきました。

250 人以上が参加したＰＴＳＤの日本兵の家族の思いと願い・証言集会
（2022 年８月７日　武蔵村山市民会館小ホール）

第３部で記者会見を行いました。この集会がどういった歴史的な意味を持っているのか、教科書に書かれていないことを初めて世の中に自ら明らかにしていっていることを、メディアの皆さんに大きく知らしめていただきたいので、記者会見しました。

第４部は家族の交流会を開催しました。ＰＴＳＤの兵士の父親を持ち、暴力をふるわれ、アルコール中毒になられ、はては自殺され、はては殺人鬼になった自分の父親を持った子どもたちが、関東はもとより、関西からも来られました。誰にも、子どもにもいえなかった、棺桶に自分が持っていこうと思っていた、親から受けた暴力などを初めてみんなの前で話せるということで、ある意味楽しみにして来てくださっている方もいらっしゃいました。

本書の構成は次の通りです。

第1章では、証言集会の第1部での黒井と吉沢智子さん、森倉三男さんの三人の証言と、それらへの中村江里さん（広島大学教員）と北村毅さん（大阪大学教員）のコメント、中村平さん（広島大学教員）の手記をまとめています。

第2章では、森倉さんの父・森倉可盛さんについて、ご家族からより掘り下げた証言を書き下ろしていただいています。

第3、4章では、私の活動を知って、軍医だった父親との経験を語り始めた方として、野崎忠郎さんに、「ＰＴＳＤの日本兵と家族の交流館」手記集から2つの手記を掲載させていただきました。

2022年5月3日　黒井秋夫

PTSDの日本兵の家族の思いと願い　●もくじ

第Ⅰ章　日本兵の家族の証言

証言①　黒井秋夫さん

今日、わたしは父親の写真を持ってきました（図1）。高等小学校を出て、20歳で戦争に行って、34歳で戻ってきてからは、もう段々しゃべらなくなって、最後は廃人のようになって、あの世へ行きました。この写真はいつもPTSD日本兵と家族の交流館に飾ってありますが、「黒井さんのお父さんハンサムね、いい男ね」といわれるよ

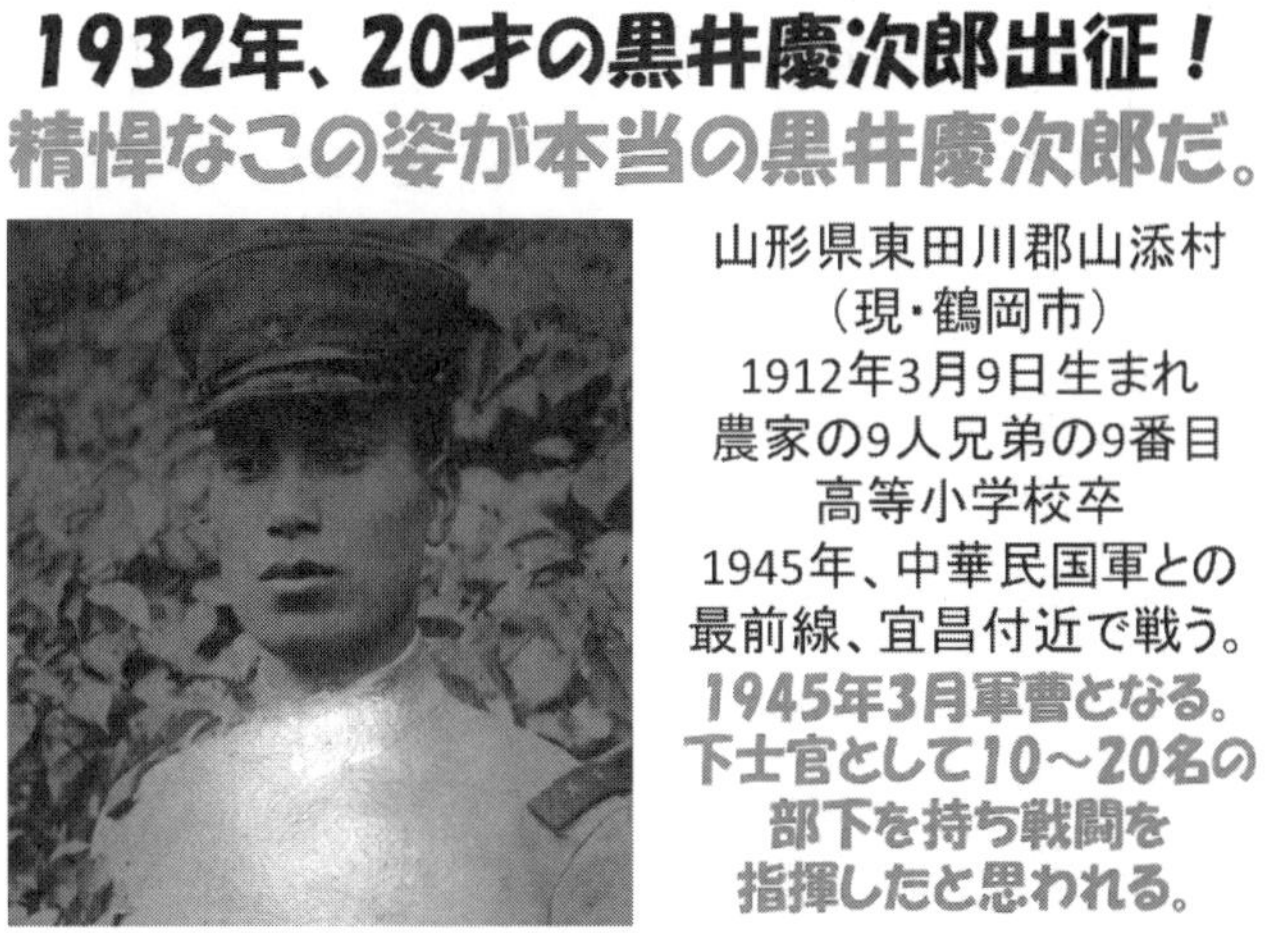
1932年、20才の黒井慶次郎出征！
精悍なこの姿が本当の黒井慶次郎だ。
山形県東田川郡山添村
（現・鶴岡市）
1912年3月9日生まれ
農家の9人兄弟の9番目
高等小学校卒
1945年、中華民国軍との
最前線、宜昌付近で戦う。
1945年3月軍曹となる。
下士官として10～20名の
部下を持ち戦闘を
指揮したと思われる。

図１　出征前の黒井慶次郎さんの顔写真

うな20歳の時の写真です。その人間が4、50年経ってどうなったかを、これから皆さんに見ていただきます。

今日、私が着ているこのワイシャツは、５年前に亡くなった私の８歳年上の長男のワイシャツです。私以上に父親を嫌って、こんな男とは離婚しろと母親にいっていた兄貴の思いを込めて、父親と一緒に今日のお話をさせていただきます。

日本兵の家族の社会的な組織というのは、ＰＴＳＤの復員日本兵と暮らした家族が語り合う会だけで、日本でたった一つしかありません。記念館も資料館もたった一つしかないです。わずか六畳の私の家の敷地に、ポツンと立っているしかないという現状は、どれほど日本社会の中で日本兵家族のことが知られていないのか、私からすれば隠した人たちがいるということです。

千葉県市川市に国府台陸軍病院という専門病院がありました。当時すでにPTSD兵士がたくさんいて、当時は戦争神経症といっていました。そこにいた兵士たちは治療を受けていましたが、軍医の研究材料にされていて、毎日診ている軍医はほとんど一人もいなかったです。当時の新聞では、ガダルカナル島の米兵のほとんどが神経衰弱だが、日本人兵士というのは天皇陛下の赤子で精神力抜群の侍で、戦争に行ったくらいで心を壊すような人間は一人もいないと報じられていました。しかし、実際はいっぱいいたのです。でも、それは覆い隠されて、戦前も隠されました。

なおかつ最後の病院長の諏訪敬三郎さんは、ここであったことは自分が書いた論文以外には世間に出して発表してはならないと、部下に箝口令をしいたと当時の部下が証言をしています。事実を全く隠してきたのです。ですから、それ以降、教科書にも書かれていないので、我々は教わりもしなかった。大学に行って東洋史を専攻した私も知らなかったのです。

なぜ隠したのか。これは私の類推、思うことでしかないですが、厚生労働省も自衛隊も、私からいわせれば「戦争をする国づくり」のために、戦争をすることを邪魔になるような、日本人兵士がたくさん戦争に行って心を壊してきたという事実は世間に対して言いたくない、隠した方がよいという、戦前からの伝統がいまだに生きているということではないでしょうか。

皇軍の兵士にあってはならない恥ずべき兵士像ということで、存在を隠した。一方、帰ってきたたくさんの日本兵士がＰＴＳＤになって、お酒などのスイッチが入ると、とたんに家族に暴力をふるう。一番しわ寄せを受けたのは妻です。その次は子どもです。私のところに寄せられた声として、私の一つ年上の方から、親父から連日加えられた暴力を一日たりと忘れることができないと、お手紙をくださいました。75歳になっていまだにＰＴＳＤの父親の暴力を忘れることができないという体験を、私に寄せてくださったのです。父親が戦争で心を壊して全く別人になり帰ってきて、なにかのスイッチが入って心ならずも家族に暴力をふるっている。これがＰＴＳＤという病気なわけです。本人の人格には全く関係ないということですが、家庭内の暴力を恥として周囲に話せなかったそうです。

私の父親もそうです。こんなことで自慢したくはないですが、父親は明治45年（２０１２年）に生まれて、１９３２年に20歳で満州に召集されて、戦中で部下を指揮して、２年間で上等兵になって帰ってきました。７年間内地にいましたが、１９４１年に太平洋戦争が始まった年にまた召集されて、１９４６年６月に帰ってくるまで父親は戦地にいました。最後は中華民国政府と重慶で相対峙して、約４００キロ離れた宜昌という最前線にいました。父親は軍曹で、12～20人ほどの部下を持って、荒くれ男を指揮できていました。そういう軍曹だったのが、40年後にこんなになってしまったわけです。

孫からいわれても、なんにもいえない。日本政府も厚生労働省も戦後なにも調査していない。実態はわかりません。私が類推するには、手がかりはベトナム戦争、アフガン、イラク戦争で、アメリカ兵の2割から5割がＰＴＳＤになり治療が必要だった。これをアジア太平洋戦争８３０万人の復員日本兵にあてはめれば、２００～４００万人、約３００万人前後のＰＴＳＤがいて、そこの家庭では本当に毎日連日家族に暴力がふるわれ、よそに聞かれないように逃げないでいたことでしょう。あるいは父親が人を殺したり自殺したり、アルコール中毒になったり、私の父親のように全く働けなくなったり、さまざまなことが３００万人の家庭の中であっただろうということが、世の中にいまだに明らかになっていないのです。そんなことで、戦後の日本社会が平和にどんどん豊かになっていったといえるのか。少なくない家庭で毎日、父親の暴力にふるえている家庭もあった。日本の歴史はそういうことをなしにして語るのかと、私はいいたいです。

１９３２年に20歳で招集された時の父親、その翌年、「昭和維新の第一日であらねばならぬ。南嶺城頭の血庫に斃れたる勇士！　それは同胞救生の先駆、昭和維新史をかざる導士でなければならぬ」と書き残しています（写真1）。

私は学生運動に身をやつしていたころ、本当に社会を変えるんだと思っていたわけですが、父親も昭和維新の戦士になるんだ、リーダーになるんだと、あの当時、勇ましいことをいっていたのです。

黒井慶次郎が生きた時代に日本が戦争さえ起こさなければ、どういう父親がいただろうか。20歳の時の私の父親を見てもらいたいです。この父親が人間を捨てて抜け殻のようになって、孫に対して無反応になってしまい76年の人生を終えた。どうしてこうなったのか。誰の責任なのか。なにがこんな父親をつくったのか。私だけでなく300万人もの家庭でこういうことが起きたのだと。父親の責任なのか。そういうことを私は日本の戦後の歴史

写真１　出征中の慶次郎さん（右から二人目）の書き残し

に問いたいのです。

今日、私たちは戦後77年たって歴史上はじめて公開の席上で証言をしますが、まだ気づいていない100万人単位の方がいらっしゃるのです。マスコミの方が大勢いらしているので、本当にこのことを日本国民に知らせていただきたい。そうすれば今はまだ気づいていない人や声を出せない人たちに。「俺の親父と同じだ」と思う人も現れるように、メディアの人たちはぜひ私たちの声を届けていただきたい。

父親のことを知らないで、あの世に行きたくないのです。戦争を起した責任者は全く謝罪もしない。でも天皇の赤子、子どもとして死ねといわれていた人たちが、これほどまでに自分の精神を崩してまで生き抜いて抜け殻のようになって、あの世に行ったのです。戦場に行くことを命じた赤子の父親だった昭和天皇は、どういう責任を取ったのですか。子どもたちに対してどういう言葉をかけたのですか。すべて子どもたちの責任にして心狂わせただろうと、私は本当に言いたいわけです。

PTSDの兵士と家族の実態調査をただちにしてほしい。どれくらいいたのか、どのような症状だったのか、アンケートを取ればすぐわかります。

これはどうしても大事なことなのでお話しておきます。PTSDの交流会をつくって

2020年5月23日に初めて井戸端交流会を催しました。そこに中国人の歴史研究者の方がいらしました。李素禎さんとおっしゃいます。ごくふつうに「あなたが生まれたところはどこですか」と聞くと、吉林省公主嶺とおっしゃいました。スライドに「公主嶺守備隊東田郡出身者一同」とあります。李さんは私の父親の初任地で生まれたのです。私はびっくり仰天し、親父が李さんを呼んだなと思いました。「俺の代わりに息子のお前が謝ってくれ」と。さんざん俺が悪いことしたから、そこで生まれた人がいるから、「俺の代わりに謝ってくれ」と、私は天からの声が聞こえました。私は李さんに「私の父はあなたの生まれたところが初任地でさんざん悪いことをしたにちがいない。でも最後は心を壊してあの世に行きましたと。ぜひ私の父親を許してください」と言いました。そうしたら李さんは、私の肩をたたいて、手をにぎって、「日中友好、日中友好」と返してくれたのです。

その後に李さんから次のとおりメールをいただきました。

お父様の代わりに謝罪して下さったことに、中国人として、とても感激しました。お気持ちと戦争に関する歴史認識を中国に伝えることに責任を感じました。実は、あの戦争は指導者の責任だと思っています。お父様は普通の庶民として、戦場に行かされたのであって、黒井さんのお父様の責任とはいえません。お父様は加害者であったけれども、被害者でもありました。私たちは、二度と戦争を起こさない、起こさせない責任と義務を負っていると思いますし、誰もが安心して暮らせる社会をつくっていく義務と責任をもっている、と考えます。国境や民族を超えて、また人間として平和な社会をつくるために、お互いに協力し、頑張っていきましょう。最後に、お宅の素晴らしい資料館が全世界に広がっていくよう、願っております。私も及ばずながら、中国に帰る機会があれば、黒井さんの活動を広く伝えたいと思いますし、これからも民間レベルでの平和のための活動に邁進していきます。お互いに頑張っていきましょう。

写真２　父と母の遺影

これ（写真２）はうちの仏壇です。李さんからのメールを印刷して、私の父親と母親の遺影に向かって、「親父見てくれ。あんたがさんざん悪いことをして、そこで生まれた人があ

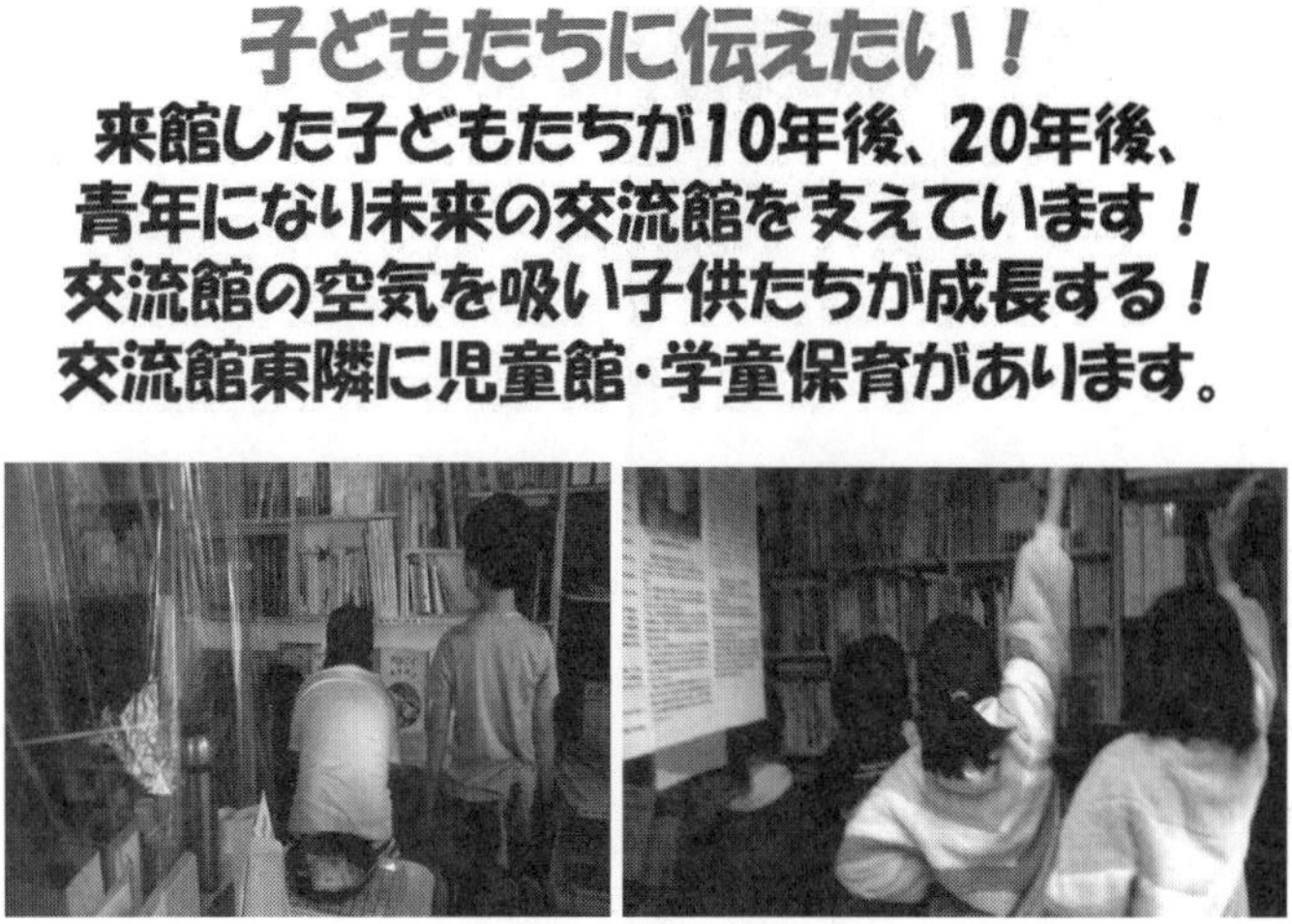
子どもたちに伝えたい！
来館した子どもたちが10年後、20年後、
青年になり未来の交流館を支えています！
交流館の空気を吸い子供たちが成長する！
交流館東隣に児童館・学童保育があります。

図２　資料館につどう子どもたち

んたの責任じゃないといってくれてるよ」と語りました。父親は毎日あの世からですけど、このメールを見てくれているわけです。

李さんは、私のこの活動を間違った方向に行かないようにブレーキをかけてくれる大事な存在です。李さんとの活動を大事にしていきたいです。

私は資料館で、子どもたちに触ってもらうために軍事遺品を集めています。子どもたちに戦争のことを伝えるために、触れる資料館を目指しています。たいていは李さんからもらったもので、軍服や銃弾、手りゅう弾を見せたら、子どもたちは驚きます。これがウクライナでも飛んでいるんだということです。「應召《おうしょう》」と書いてある旗も、子どもたちに見てもらっています。高校生の授業で講義もしています。資料館に来る8割は子どもたちです。このようにたまり場になっています（図2）。お茶とお菓子は無料ですし。子どもたちが来たら「ただいまさん」と呼びかけるのです。それでいいんです、それで。

先日、西東京市の東伏見の小学校学童クラブで1時間お話し、「みんな日本はどこと戦争したか知っている」と聞くと、70人いる中でみんな「アメリカ」と答えていました。アメリカと戦争したのは知っているのです。でも私は言いました。「日本は１３０年前から中国、ロシア、朝鮮、ベトナム、インドネシア、フィリピン、アメリカなどたくさんの国と戦争したんだよ。それは、みんな向こうから攻められたのじゃなくて、日本から行ったんだよ。それらの戦争はみんな日本から起こしたんだよ。そして最後には、沖縄も広島も東京もみんな焼野原になりました。日本が戦争して、どうだった？」と聞くと、子どもたちはびっくりします。「無意

写真３　交流会に展示している「應召」と書かれた旗

味」って。私が1時間ちゃんと話すと、1年生から4年生、6歳から10歳まで、みんなわかるのです。

最後に。来年も証言集会をやります。来年は大ホールでやります。その先の話をします。「PTSDの日本兵に思いをささげ戦争のない平和な社会を願う日」を日比谷公園野外音楽堂で企画します。私が生きている間にやります。ぜひみなさんの力をお借りして、日本のすべての人たちが、広島原爆の日、長崎原爆の日、東京大空襲の日、沖縄の日のように、PTSD兵士が300万人もいた、その人たちに平和を願う日というものをつくりたいです。ぜひ、そのためにお力を貸していただきたい。

証言② 吉沢智子さん

吉沢智子と申します。埼玉県川越市から来ています。所沢に来て山を越えればもう武蔵村山です。黒井さんと知り合って、かなりこちらに来るようになりました。とても自然豊かでいいところだと思っております。私は、人と会うためにいろんなところに出かけるのは大丈夫なのですが、実はひきこもり当事者です。本当のことはいえないで心を閉ざして生きてきたから、

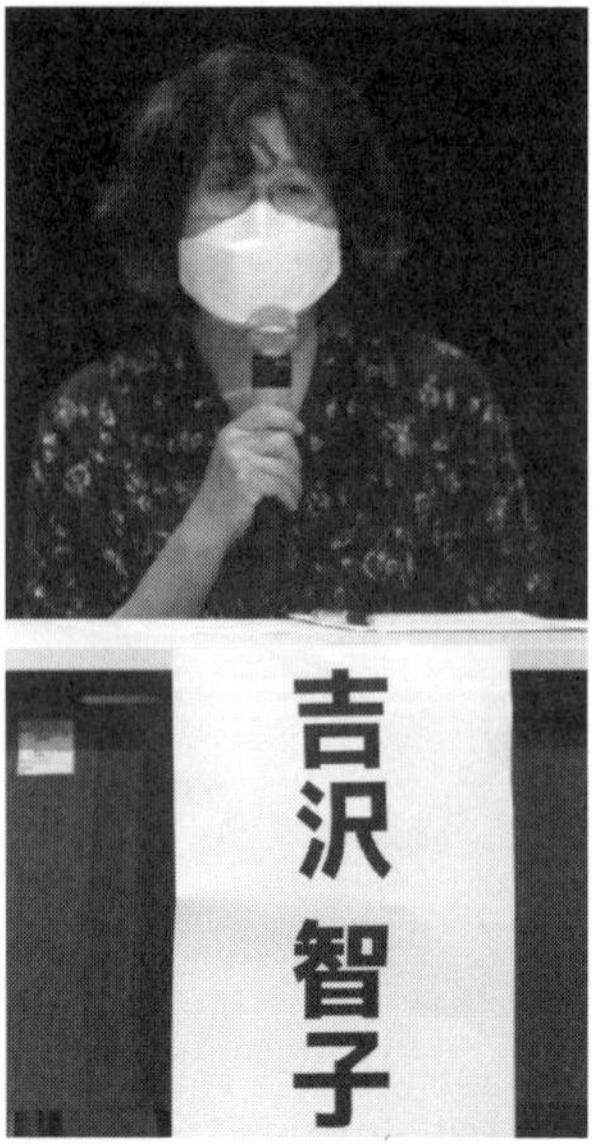

ひきこもりだと思っていました。今は、引きこもりの当事者の会や親の会に関係しています。

父のことを話すのは、「ちゃぶ台の会」というところで初めて話しました。ちゃぶ台というのは、昭和レトロな感じで家族が四畳半一間に集まって、学校でこんなことがあったとか語るつつましい食卓で、一家団欒のいい雰囲気を想像していたのですが、ちゃぶ台がえしで有名な「巨人の星」の星一徹や「寺内貫太郎一家」のお父さんは復員日本兵だったということを知り、ああそうだったのかと私も思いました。

私は見たことがないですが、実は私の母に聞くと、うちの父も一回ちゃぶ台返しをやったらしいです。仕事から帰ってきて、サンマが食べごろじゃなかったなんていう、お子様な理由でです。その話を聞いたのは小学校5年くらいのころでした。食べ物もなくて戦中を生きてきたのに、どうして食べごろじゃないくらいでサンマをひっくり返すのか。それを片付けなくてはいけない母の気持ちを考えてくれたのかと、私は憤りを感じたことを覚えています。

父は戦争の話はほとんどしなかったです。戦友会との関わりも一切ありませんでした。海軍の将校だったと母から聞いていて、乗っていた船が撃沈されてしばらく海に浮いていて、からくも助けられて九死に一生を得たという体験を持っている人でした。父は全く暴力をふるいませんでした。ただ、なにかにつけてキレて怒鳴ることが日常茶飯事で、家の中はいつもピリピリと緊張していました。父が帰ってくると緊張してしまって、弟が遊んでいたおもちゃもすぐに片付けないと、母が不安になりあわてていました。父は軍隊の影響ではないかと思いますが、片付いていないのが嫌いでした。

怒鳴り始めると怒りが次から次へと沸いてくるようで、止められなくなって、だんだん目の色や顔の形相が変わってきてました。それが子ども心に見ていて怖くて恐ろしかったです。怒りに火がつくと大変で、母もたまりかねて言い返したりしたことがあり、そうすると、口げんかなのですが、それがどんどんエスカレートしていって、言葉の暴力で、「お前は母親の資格がない」など、今でいうモラハラやパワハラ発言が多かったです。

父は東京工業大学を中退して学徒動員されたのでインテリ気質があり、理論理屈で相手を打ち負かしたい衝動にかられるようで、なにかあると私の学校に乗り込むような、今でいうモンスターペアレントみたいなところがありました。父は戦後、英語ができたために巣鴨プリズンの通訳から進駐軍の通訳にリクルートされて、こちらの近く立川基地に勤めるようになりました。そのころは、うちの経済状態も良かったのですが、1969年に進駐軍の完全撤退になる2年前くらいから、母が布団から出てこられなくなったのです。たぶん、うつ病か生活の不安があったのだと思っていましたが、今考えると不安障害や統合失調症の始まりだったかもしれません。

父が戦争に行っていて、その体験を封印してしまったためでしょうか。私の内面では中学生くらいから、なにかわからないですが、死の方にひかれているような、生きられないような、自分の将来はなくて常に過去への後悔という念にかられていることが多かったのです。自殺は小学校4年の時に受けたキリスト教の教えにより絶対にしてはいけないことだとはわかっているのですが、常に死の誘惑がありました。いま思えば、父が封印した戦争に行っている時の心の中にも、そういうものがあったのではないかと想像します。私自体も役立たずといわれて育ったので、お母さんは私の心配でときどき気が変になっているから、私がいないほうがいいのではと、子どものころからずっと思っていました。役立たずの願いとしては、最後はおおいなるものにすべてこの身をささげて死ぬということにあこがれていたように思います。それはいま考えてみれば、父の内面世界のコピーだったのではと考えています。

戦争中の少年、青年は死しかなく未来はなかったですよね。夢など描けるはずもないから、父は進駐軍が撤退してから日本の社会に適応しなかったのです。会社に勤めても、すぐにけんかしてやめてしまい、高度経済成長の時代でも家の中は、父と母の関係は米ソ冷戦のように、お互いになにもいわず冷たい井戸の底のような空気がただよっていて、家計はどん底でした。そういう中で育っているわけですが、私自体は自分の死の誘惑にかられるのを克服しないと生きていけないので、20歳のころから内面世界に向き合い、ヨガや呼吸法やっていたので、いまがあるのです。この5年くらい、私の生きることは自分と向き合って負の感情を吐き出すことによって死の方のベクトルから生きる方のベクトルに入ってきたのです。２０１８年に、中村江里さんの『戦争とトラウマ』が出て、その講演会があるということで、喜び勇んで行ったら、そこで資料を配り、いろんな人にあいさつしているのが黒井さんでした。

黒井さんの資料を読ませていただいて、その年の8月にシンポジウムがあるというので早速それに駆けつけました。私の父は全く戦争のことはいわないで亡くなったので、父のことを理解するには黒井さんのところの会に関わろうということで、今があります。

その中で森倉さんと知り合ったり、中村さんからのインタビューを受けさせてもらったりして、今まで私は役立たずだと思っていましたが、なんとか生きていて良かったなと思えるようになりました。

父は英語ができたこともあるので、地元に明治38年（１９０５年）からあるスカラ座という映画館に、英会話を聞くために行っていたのですが、5歳ぐらいから私の手を引いて通っていました。私は映画がすごく好きで、最近2年間くらいコロナで地元からも出られないので、スカラ座の映画館によく通いました。私は関東軍が中国でなにをやったのか実際に見たくて、2017年に大連からハルピンまで行ったことがありましたが、8月末に黒井さんの記念館であった武蔵村山うどんを食べる会に行ったときに、私の隣に座られていた方から、「日本人の忘れ物　フィリピンと中国の残留邦人」という映画が上映されるから、必ず観てくださいねといわれました。それを急いで観に行ったら、映画の中で中国残留孤児の国家賠償訴訟の原告団の代表になった池田澄子さんが出ていました。そして、残留孤児が初めて日本に来た時に通訳をしたのが私の気功の先生の今村せいこさんだということがわかって、私が近しい先生が映画の中に名前だけでも出てくるということに運命的なことも感じました。

つい最近は、宮沢りえさんが主演している「父と暮らせば」を観ました。原爆投下から3年後の広島が舞台です。雷のピカッというのも怖くてすぐに押し入れの中に逃げ込むとか、娘は幸せになってはいけないと思っている。それは生き残った罪悪感からなのですが、そこに原爆で亡くなったお父さんが、自分を見捨てたということではなくて、娘が幸せになるということに対してかたくなに心を閉じていることに対して、幸せになってよというようなことをいう。それが戦争トラウマ、ＰＴＳＤではないかなと私は思いました。宮沢さんが演じている女性も以前はおしゃべりで快活だったが、無口で偏屈な女性になってしまったと。原爆の話は広島市民にとって心の傷をえぐる話ですが、後世に伝えるためにはどんなにつらくても、ありのままを伝えなくてはならないと、お父さんはいっています。

これに対して、私の育った家には、えもいわれぬ怒りや恐れがうずまいていたと思うのです。それは父の封印した戦争や、国のお父さんといわれていた昭和天皇に対しては直接向けられなかった怒りではないかと思っています。その怒りは私の家族の身を引き裂きましたし、私に向かった怒りで、私は人に怒りを向けることができなくなりました。怒りで自分で自分を攻撃するようになっていったのではないかと思います。今の若い人はリストカットをして、その時だけ生きていることを感じるというなどしていますね。でもたぶん、私たちは戦争の二代目ですが、その子たちは三代目で、内包された怒りがわが身を切り裂いているのではないかと思ったりします。他害は殺人や傷害になりますけど、自傷は病気や事故さらには自殺になってしまうということではないでしょうか。怒りはどこに向かうのか、怒りは弱い者に向かいその身をさいなんでしまう、これが戦争トラウマの特徴だと思います。

いまの時代にもウクライナ戦争や台湾有事を見ていると、そこの国の子どもたちはどうなのか心配です。日本の子どもたちにも辛いことがあります。この証言集会で私の話をさせてくださって、ありがとうございます。

証言③　森倉三男さん

戦後に持ちこされたままの陸軍兵士の心について、ありふれた一事例報告です。ありふれたというのは、たくさんいたということです。心の傷についてはあまり語られていないので、伝えていかないといけないです。

父の振り返りの動機として、私たちは死んでいくし、家族として伝えなければいけないということです。父はどのように変化したか振り返ったということです。

軍歴票を頼り、生存同胞の聞き取りをしました（詳しくは第2章）。1919年に生まれて、戦争に行って、6年間くらい捕虜を含めていて、最後はアルコール中毒になった、ということであります。

戦争による影響ですっかり変わってしまいました。心に戦争の芯ができたのです。

受験期の子どもに「おい、今から戦争の話をする。座れ」といって、話をするわけです。マラリアの影響もあったのでしょう。戦後、うまく暮らしができなかったから、それも影響したと思います。

人間的な正直さは失われませんでした。そういう良い面もありました。変化がありました。この変化は通常の生活感覚の摩耗、戦闘体験に繰り返し占拠される精神状態、アルコール依存症、社会生活がうまく築けないなど、複数の要因が寄り合った状態であったと考えられます。

戦争が唯一な人生にとって、戦後の苦しい生活では、自分を説明できるものとして、繰り返しこういう症状が出てきました。

とりわけ配偶者は大変だったろうと思います。私の母親は死ぬ思いだった、自殺するつもりだったと話していました。

このような話を空間的にみますと、戦後になって宙に浮いたまま現実との乖離が生まれたのです（図）。時間的な展開でみれば、軍国主義→戦場体験→戦後社会の流れで最終的にはアルコール依存症、兵隊ボケというようになったのです。

私の孫に可盛の話しをする機会がありました。私と可盛の写真を見比べて「ひいじいちゃんの方がいい男だ」と比較されました。

兵隊の訓練が頭にこびりついて「よしビンタだ」（平手打ちのこと）というのが口癖になって

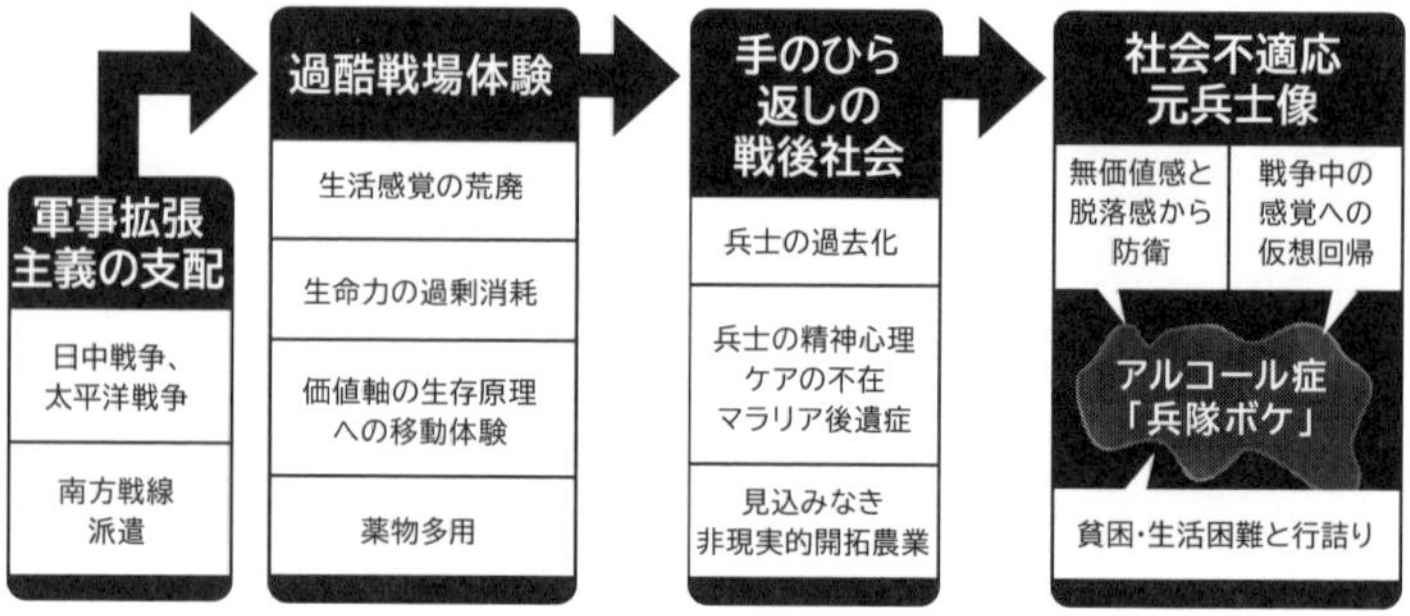

森可盛にみる日本の戦争と兵士の戦後像

いたこと、吹き流しを上げるのを3回失敗、4回目にやっとあがって命びろいをしたこと、南方に行って次から次へと戦場を移動して、爆撃に遭い、自分の整備した飛行機がバンバン落とされて、自分の仕事が仲間を殺してしまうという辛い体験をして、捕虜になって、おおかたの仲間は死んでしまって、最後は一人ふるさとに帰ってきました。でも世の中は変わってしまっていて、兵隊の話をすると誰も相手にしてくれなかったこと、仕事もうまくいかず貧乏だったことなどを話した後、孫に「あなたはどう思いますか?」と聞いたら、小学校4年生は「いまのきもち、もやもやしている」と表現してくれて、可盛の辛い気持ちや複雑な流れを感じてもらったと思いました。小学校3年生は「戦争はたいへんだと思いました」とわかったような返事をくれました。

コメント①　中村江里さん（広島大学教員）

私の専門は歴史学です。２０１８年に『戦争とトラウマ――不可視化された日本兵の戦争神経症』（吉川弘文館）という本を書きました。これは２００５年から約10年間、一橋大学大学院で吉田裕先生にご指導いただいて博士論文をもとに書いたものです。私がこの本を書いた動機は、欧米では戦争トラウマというのはメジャーなテーマで、歴史学での研究も結構あり、映画や文学でもさまざまな作品で主題になってきたのに対して、ふと日本のことを振り返ると、そういった視点で書かれた研究や作品はあまりないのではと思い、なぜ日本で戦後50年以上も見えない問題となっていたのか、という問題関心からこの本を書きました。

私がこの本を出した２０１８年に、黒井さんは会を立ち上げて、ウェブサイトができる以前にブログを書いていらっしゃいました。その時のことをほとんどの方がご存じないのではないかというのが私のひそかな自慢なのですが、その時に黒井さんのご活動を知って、こんな方がいらっしゃるんだと、すぐにコンタクトをとって、いろいろとこれまで教えていただきました。みなさんご存じのとおり、多くの新聞やテレビで黒井さんの活動が取り上げられて、これだけ多くの方を引き付ける力を持っていらっしゃいます。本当にここ数年の黒井さんのご活躍は目をみはるばかりだと感じています。

黒井さんの会は、ＰＴＳＤという名称がついていますが、私の本のタイトルではトラウマという言葉を使っています。トラウマというのは、「心が耐えられないほどの衝撃を受け、現在に至るまで恐怖や不快感をもたらし続けている状態」のことです。戦争が終わった後も、何十年にわたって影響をもたらすことが今ではわかってきています。トラウマ反応として代表的なのはＰＴＳＤですが、吉沢さんや森倉さんの話でも出てきましたように、アルコール依存症や自殺企図、家族への暴力などさまざまな形で現れますし、医療の対象になっていない人も実はたくさんいます。こうした問題が社会の中には広がりをもって存在していたことについて、黒井さんたちのお話を聞いて、私も確信を持つようになりました。

トラウマやＰＴＳＤという概念は、１９９５年の阪神淡路大震災以降に社会の中で広く知られるようになりました。トラウマとして「終わらない戦争の記憶」をもって生きてきた方たちは確実に存在しているのです。こうした方々の経験をお三方に話していただいたと、受け止めています。本当に当事者は語りにくいのです。黒井さんのお父様も無口だったとおっしゃっていましたが、そうした言語に絶する経験をした兵士と、黒井さんたちご家族は生活をともにしてこられたわけです。そうしたご家族の言葉の持つ重みを、毎回お話を聞くたびに感じております。

インタビューの中でみなさん口をそろえておっしゃるのは、「戦争の前後で人が変わったようになってしまった」「戦争に行く前はあんな父さんじゃなかったのに」ということです。黒井さんのお父様については、NHKのディレクターの梅本肇さんが、戦後のホームビデオを使って、戦争で変わり果ててしまった元兵士の姿を映し出し、すばらしいドキュメンタリーにされています（NHK「目撃！　にっぽん〝ずっと父が嫌いだった〟——家族が向き合う戦争の傷痕——」）。復員兵のご家族は、彼らが戦争の前後で変わってしまったことを身をもって経験している方々なのです。そうした方々の言葉の重みがあると思います。

次に、戦争とトラウマの記録について説明したいと思います。この研究を進めるにあたって非常に苦労したのは、資料が残されていないということです。本を書く時にもっとも重要な資料として使ったのは、国府台陸軍病院という、戦時中に精神疾患の兵士を治療していた病院の記録です。

この病院には戦時中は1万人くらいの方が入院していて、8割くらいの方の記録が現在も残っています。実はこのカルテ、戦争が終わった時に軍からの焼却命令が出たのですが、軍医たちはこれは貴重な記録だということで、カルテを隠して保存してくれたわけです。そのお陰でこの記録が歴史として残っているのです。国府台陸軍病院は、元軍医の浅井利勇さんという方が複写版のカルテを保存されて、これまで研究や報道に利用されてきました。この分野のパイオニアとして埼玉大学名誉教授の清水寛先生や細渕富夫先生がまず研究されて、私も後に続きました。2018年には、「隠された日本兵のトラウマ」という番組がNHKでも放送されました。国府台陸軍病院のカルテは原本も残っていまして、それは私が2018年から整理調査を行っています。

これ以外に戦後の記録として、精神科医の目黒克己先生という方が1960年代に戦争神経症とされた元患者104人の追跡調査を行っています。その中で戦後20年たっているにもかかわらず、全体の43%の人が社会に適応するのに、なんらかの問題を抱えているという指摘をしています。それと非常に印象に残っているのが、調査を依頼した多くの元患者から「今後、一切連絡しないでほしい」という返事があったということです。それくらい本人にとっては恥ずかしいことで、家族に隠している人も多かったということをお話されています。

目黒先生は国府台陸軍病院の元院長から「研究について50年間は口を閉じていた方がよい」

といわれていたのですが、私が博士論文を書くころにはそろそろ話してもいいというお気持ちになってくださったのか、２０１３年にインタビューに応じてくださいまして、２０２１年にＮＨＫの「クローズアップ現代」で資料を開示されています。

続きまして、戦争とトラウマの記憶を継承するということについてお話します。兵士たちの戦争トラウマが記録に残されたケースはごくわずかです。戦中戦後を通じて精神疾患兵士に対する体系的な統計データというのは存在しないのです。だから、正確な人数がわかりません。医療や福祉の対象になって記録に残された人も、ごくわずかだろうと考えられます。それから、私は元兵士の回想録をかなり読みましたが、精神疾患を持っている人の回想録というのは、ほとんど見つからないのです。当事者の方の記録にも残っていないという、研究者にとっては困った状況なのです。そういう中で、黒井さんは私にとって恩人だと思っています。

戦争でトラウマを負った元兵士の聞き取り調査として比較的早い時期から行われてきたのは、戦後、国立の療養所に入っていた「未復員」と呼ばれる人たちでした。未復員とは、まだ復員していないという意味です。戦争が終わったのに、家族に受け入れられずに復員できなかったのです。吉永春子さんの『さすらいの〈未復員〉』、清水光雄さんの『最後の皇軍兵士』などジャーナリストのすぐれた仕事や、樋口健二さんの『忘れられた皇軍兵士たち』という写真集も出されています。

それから近年、非常に注目しているのが、有名な作家の方々がお父様の戦争体験について語り始めたということです。辺見庸さんの『完全版1★9★3★7』、村上春樹さんの『猫を棄てる――父親について語るとき』は有名なので、ご存じの方も多いと思います。桑原茂夫さんは『西瓜とゲートル』という本の中で、「呆然父さん」と「颯爽父さん」という対比で、戦前は颯爽と働き者だったお父さんが、戦後には「呆然父さん」になってしまい、なにも話さないし働かないと、非常に印象的な対比でお父さんのことを書いています。

そして、なんといっても黒井さんが2018年に「PTSDの復員日本兵と暮らした家族が語り合う会」をつくられたことが大きな社会的インパクトを持っていました。私はこれまで10年以上研究してきて、戦時中のことはそれなりに明らかにできたと思うのですが、戦後のことはとにかく本当にわかりませんでした。でも、この問題は戦後のことの方が大事だと思っていたのです。どうしたらいいのかと途方に暮れていた時に、黒井さんと出会えて、黒井さんを通じて森倉さん、吉沢さん、野崎さんと出会えたというのは、私にとっては幸運なめぐり合わせだったと思っています。

最後に、この問題がなぜ50年以上、記録されないものになっていたのかをお話ししたいと思います。こうした方々の経験は、非常にスティグマ化されたものであると思います。スティグマというのは直訳すると烙印で、障害者などの特定のカテゴリーに対してネガティブな認識を押しつけるということです。当事者ではない人が当事者に向ける公的なスティグマと、当事者が自分自身に対して向けてしまうセルフ・スティグマというのがあります。

公的なスティグマには、まず国家による否認というのがあります。先ほど黒井さんが紹介していた新聞記事のように、「皇軍に精神病者はいない」といった形で、存在そのものが否認されました。また、私は家族から病院にあてて送られた手紙を分析したことがあります。それらの手紙ではテンプレートのように、「第一線で奉公できず、お国のご厄介になって申し訳ない」と必ずお詫びの言葉がそえられています。

それから、当時の社会からのジェンダー規範というのもかかわっています。戦時中は戦場や兵営での暴力に耐えられない兵士は「女々しい」という周囲のまなざしがありました。戦後になると、企業戦士的な生き方が求められました。皆さんが今日語っていただいたように、トラウマを負った復員兵の中には働くことが難しい人々もたくさんいたのでしたが、そういった男性の生き方というのが当時の男らしさにはそぐわないということで、スティグマ化されてしまうという側面があります。

また、このテーマを研究していて本当に思うのは、自分自身に対するスティグマを当事者の方が持っているということです。戦時中のカルテを見ますと、患者さんの言葉で「こんな病気になってしまうなんて、自分は国賊だ」とおしゃっている方が結構いらっしゃいます。それぐらい偏見差別の対象になっている存在だったのです。だから、戦中・戦後の日本社会は、当時者が安全な環境で自身のトラウマ体験について語ることは非常に困難な状況だったといえると思います。先ほどの目黒先生の言葉にもあったように、戦時中の状況が戦後にまで連続してしまっていると思います。

黒井さんたちの活動は、これだけ戦時中から戦後にいたるまで「恥ずかしいこと」として個人や家族の中に隠されてきた戦争のトラウマを社会に開いたという、歴史的な意義があると思っています。黒井さんがどこに責任があるのかとおっしゃっていましたが、今日の証言集会は、個人の病理や家族の中の問題として隠されてきたことを、これは実は国家が起こした戦争によって引き起こされたのだと、大きなパラダイム・シフトを起こした歴史的な場になったと思います。

こうしたトラウマティックな経験というのは、信頼できると思った人にしか話せません。黒井さんたち「語り合う会」の皆さんは、長年孤独に家族の戦争トラウマを抱えてこられた方々が、安心して心を開ける場所を生み出してきたのです。

こうした記録されなかった戦争のトラウマというのは、公的な記録としては日本社会に共有されてきませんでしたが、「語り合う会」の皆さんは、終わらない戦争の記憶とともに、生きてきた人々が確実に存在したということを、私たちに教えてくださいました。間違いなく歴史が動きはじめたと私は感じています。「あったことをなかったことにしたくない」という皆さんの強い思いに応えられるよう、私も歴史家として皆さんの活動に寄与していきたいと思います。

コメント② 北村毅さん（大阪大学教員）

大阪大学の北村と申します。私の専門は文化人類学です。私はこれまで、戦争が社会や個人に与えた心理的な影響について、個人・家族・コミュニティのレベルで調査・研究してきました。とくに力を入れてきたことは、沖縄戦の体験者やそのご家族、あるいは戦死者のご遺族への聞き取り調査です。沖縄での聞き取り調査が中心となりますが、沖縄以外でも、全国各地で元兵士やそのご家族にお話しを伺ってきました。ただ、近年は元兵士の方々のほとんどが鬼籍に入られて、体験者への聞き取りの機会はなくなりました。とはいえ、体験者が亡くなられて

終わりということではなく、彼らが次の世代の心に与えた影響はあまりに大きいのではないかと感じています。今日は、そのような観点から、研究者という立場からだけではなく、復員兵の家族という自分の経験を踏まえて、お話ししたいと思います。

元兵士の戦争体験を聞き取りながら、常に私の関心の中心にあったのは、彼らの心の中の問題です。戦争には、感情を過剰にかき立てる側面があります。国家は、憎悪や恐怖を煽り立てることで、人びとを戦争へと動員していくわけです。こうした強い感情について、日本社会は敗戦を境にきれいさっぱり消えてしまったように振る舞ってきましたが、当事者の中には、決して忘れ去ることのできない感情が沈殿していたように思います。アジア太平洋戦争の後、戦後と呼ばれる時代になっても、多くの人々の心の中では、戦争は続いていたといえるのではないでしょうか。

とりわけ、元兵士にとって、人を殺した経験というのは非常に大きかったと感じています。見知らぬ他人同士が殺し合うのが戦争ですが、それは人倫の否定でもあるわけです。いうまでもなく、人を殺すというのは当たり前の経験ではありません。平時では、どんなに相手が憎かろうと、理があろうと、人を殺せば、罪を償わなければなりませんが、戦争だとそれが推奨されます。しかし、いくら国家が認めてくれても、戦争が終わって日常に戻ってみれば、個人差が大きい部分とはいえ、「戦争だから仕方がなかった」という理屈では呑み込めない葛藤がつきまとうわけです。はたして、普通の人が戦地に送られ、人を殺して復員した後、何の不協和もなく良き夫や子煩悩な父親に戻ることができたのでしょうか？　実際には、戦争が終わっても、いろいろな意味で日常に戻ってこられなくなってしまった人たちも少なくなかったわけです。黒井さんのお父様もそのお一人です。

沖縄戦の帰還兵の事例をひとつ、ご紹介したいと思います。私がお話しを伺った三重県出身のKさんは、沖縄戦から復員後、何年間も「頭が完全に空っぽ」で、何もする気が起こらなかったといいます。戦後長い間、仕事にも身が入らず、何をどうしたらいいのか先が全くみえない「虚脱状態」の中で、何度も自殺を考えたようです。

復員後結婚して、3人の子どもに恵まれたKさんでしたが、自分自身を「ひどい親父」だったと評していたことが心に残っています。「軍隊意識」が抜けきれずに、幼い息子を柱にくくりつけたり、殴りつけたりしたことを後悔し、子どもに謝りたいとも話されていました。Kさんの暴力で息子さんは、耳を悪くして、父親に心を閉ざしつづけたといいます。晩年のKさんは、温厚なおじいさんといった感じで、落ち着いた口調から想像もつかない話でした。戦争は、人の心の中に暴力の種を撒くというか、制御不能な部分を残すわけです。

　これは、数百万の帰還兵家庭のほんの一例です。今日の集会でもご発言がありました通り、原因不明の心身不調やPTSD症状に苦しんだり、依存症になったり、家族に対して暴力をふるう元兵士は少なくなかったわけです。昭和の日常風景として描かれる頑固親父の「ちゃぶ台返し」も、そのような観点から見てみると、また違った風景として見えてくるのではないかと思います。余りにも多くの男たちがそう振る舞っていたので、男とは、親父とはそのようなものだと誰もが思い込んでしまったわけです。

　次に私の家族の事例についても、お話ししたいと思います。私の祖父は、1915年生まれで、日中戦争に従軍した帰還兵です。私は、戦争に関する研究を続けてきた一方で、私の祖父の戦争体験が私の家族にどのような影響を与えてきたのかについては、最近まで置き去りにしてきました。この問題に手を付けるきっかけを与えてくださったのが、黒井さんの存在です。黒井さんは子ども世代ですが、私は孫世代の立場から、ここ数年の間に戦争が自分の家族に与えた影響について考えるようになりました。私の家族と戦争との関わりについては、今年、やっと『文化人類学』87巻2号に寄稿した論文「戦争の批判的家族誌を書く」に書いたばかりです。

　帰還兵の多くがそうであるように、祖父は毎晩酒を浴びるように飲み、そのたびに大言壮語を吐き、暴れたといいます。祖父は、65歳で食道癌が全身に転移して亡くなっていますが、食道癌の主な要因として過度な飲酒が知られています。こちらに同席している中村平さんのおじいさんも、帰還兵で、戦後アルコールに依存して、食道癌になったといいます。

祖父は、酒を飲むたびに、中国人への虐殺の様子を語ったといいますが、過度な飲酒はその体験と無縁ではなかったようです。祖父が、中国人を虐殺した話を、酩酊状態のときしか語らなかった、語れなかったことが、逆説的にいかにその記憶にとらわれていたのかを証明していると思います。

1946年生まれの父は、祖母に対する面前DVや子どもたちに対する身体的・精神的虐待が日常的な環境で育ちました。虐待環境に育った人の中には、感情を爆発させると自制できない人が少なくないようですが、私の父もそうでした。父もまた、祖父と同じように自分の子ども（つまり、私）や妻に対して暴力をふるうようになりました。父の私に対するしつけは、軍隊の命令系統と同様に、上から下に問答無用で行われるものでした。理屈をいえば殴られるといった感じです。体罰も日常茶飯事でした。私の経験は、帰還兵家庭における虐待の世代間連鎖の典型例といえるのではないかと思います。

このような孫世代の経験は、日本では、ほとんど言語化、社会化、問題化されていません。私は団塊ジュニアの世代ですが、さらにその下の世代になると戦争との関わりは、戦争から遠くなるにつれほとんどわからなくなっていくと考えられます。ドイツでは、２００９年にジャーナリストのザビーネ・ボーデが『戦争の孫――忘れられた世代の後継者』という本を刊行した頃から、戦争体験者の孫世代の心理的問題が大きくクローズアップされるようになりました。２０１０年代には、「Kriegsenkel（戦争の孫）」と呼ばれる戦争体験者の孫世代によって、戦争と家族史を語り合う自助グループが次々と立ち上げられ、社会的ムーブメントとなっています。ドイツでは、それ以前に戦争体験者の子ども世代の心理的問題が問われている経緯があり、専門家と当事者双方による研究と実践が蓄積されています。

日本でも、近年やっと、戦争のトラウマ、戦争とトラウマに関する研究がみられるようになってきましたが、当事者レベルでの動きというのは、黒井さんが始めた「ＰＴＳＤの復員日本兵と暮らした家族が語り合う会」が初めてということになります。戦争体験者の子どもよりも下の世代は自分と関係のない問題と感じているかもしれませんが、少なくとも１９７０年代生まれぐらいの世代にとって、いまだ顕在化していない切実な問題といえるのではないかと実感しています。家族関係に悩んでいる人は多いわけですが、その中に思いもしない数世代前の戦争体験が潜んでいるといったことがあるのではないかということです。隣りにおられる同じく「復員兵の孫」である中村平さんとその探究を始めたばかりですが、今後、当事者が連繋しつつ、経験を語り合いながら共有していくことで、ドイツのように問題が少しずつ可視化され、社会化されていくことにつながることを願っています。

当事者として／研究する者としてトラウマを抱えた祖父と私の関係を語る

中村平さん（広島大学教員）

みなさまこんにちは。広島より参りました中村平です。

ここに私がいるのは、研究者であり、かつ当事者であるという存在や立場性を持っていることと関係があります。当事者というのは、戦争のトラウマを抱えて戦後を生きた復員兵の孫であり、そして父を介して、戦争の暴力が私に折り重なっているということを、身体性のレベルで感じているということでもあります。本日のお話にもありましたように、トラウマを抱えた復員兵とともに生きてきた家族の生きづらさのような話は、その孫世代の私にとっても、同様に当てはまるものなのです。

同時に、それを語るのはどうも気が進まない、しかし語らねば私はその呪縛から解き放たれないのではないかという、重くなってしまうような、コンプレックス的な気持ちがあることを、まずみなさまにお伝えしたいと思います。どのような呪縛かというと、「父親に怒られる

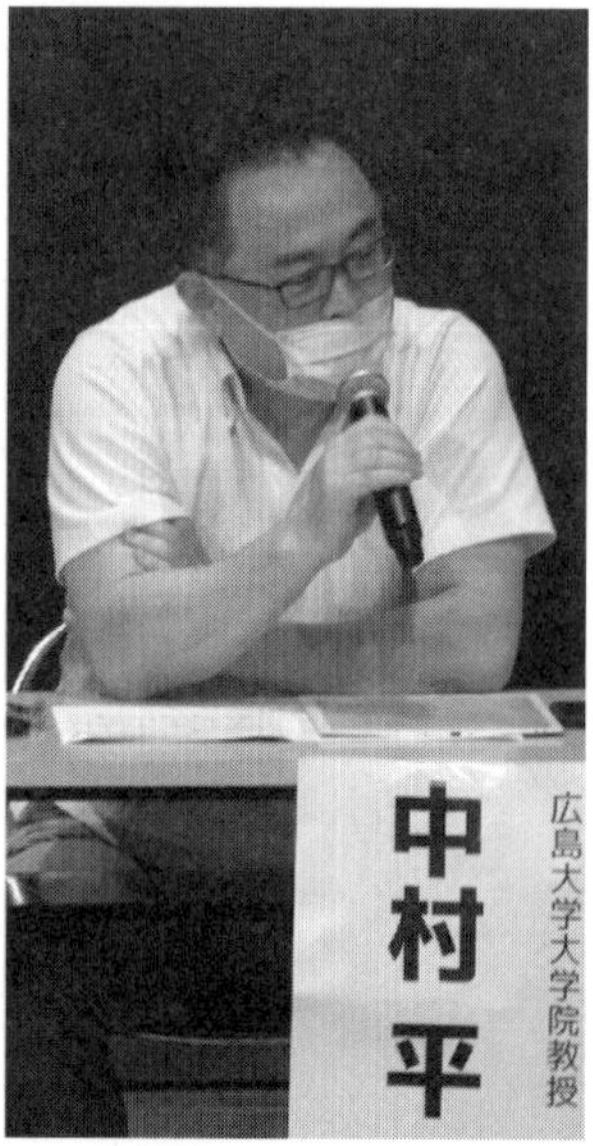

のではないか、激怒させてしまうのではないか」という恐れであり、暴力の予感です。この恐れや暴力の予感には、幼少期に父から受けた体罰や教育虐待があります。50歳を前にした人間が、まだそんなことにこだわっているのかという声が聞こえてきます。それは父親の私に対する声でもあり、私はその声を内化してしまっているのです。

同時にこのことを想起し、言葉にして語ることが、恥ずかしさの感覚とともにあります。「中村家の恥をさらすのか」という声が聞こえてくるのです。私の親族に負の影響を与えてしまうのではないか、という恐れもあります。主体が崩壊するような、泣きたくなるような気持にもなります。私の主体性や身体性というものが、父親との関係性において強く形成されてきたという、加害と被害の関係の問題があり、やはり語りにくいのです。その語りにくさは、おそらく暴力の連鎖のメカニズムが解明され尽くしておらず、私がそのことを清算しきれていないことと同義なのだと思います。そしてその未清算という問題は、私たちの日本社会の抱えてきた問題でもあったということが、本日の集会で明らかにされたのではないでしょうか。

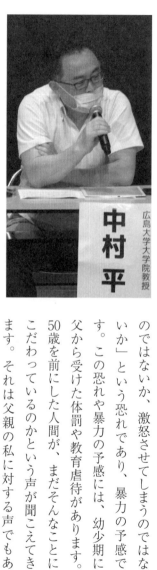

次にもう少し、祖父の戦争経験と「中村家」の家族史について分け入りながら、お話ししたいと思います。

＊＊＊

祖父は1914年生まれで、いわゆる第二次上海事変（1937年8月）の直後の1937年9月に、23歳で中国戦線に徴兵されました。東京出身者を集めた、第101師団の第101連隊の輜重兵（糧食や武器など軍需品を輸送する兵）でした。翌年、1938年9月に漢口近くで負傷した祖父は担送され、陸軍国府台病院に送られています。同席されている中村江里さんらが精力的に明らかにされたように、この国府台病院は戦争神経症患者を集めた病院でした。私は祖父のカルテが残っていないか、何度か関係機関に照会してみましたが、カルテは見つかっていません。ひょっとすると、足の外傷が理由で入院していたのかもしれません。

しかし祖父が、PTSDやトラウマと無縁であった証拠も、見つかりません。むしろそうであったことを裏付ける、多くの出来事の痕跡があります。父が語ったことですが、戦後祖父は足の怪我の治療もしながら、日本社会に対して怒りのような感情を抱き、「人を殺してきたんだぞ」という憎悪にも似た言葉を放ち、自家用車に刃渡り40センチになる小刀を忍ばせていたそうです。また、祖父は時として、子どもたちに在郷軍人会による賞状を読ませ、子どもたちは嫌がって逃げたといいます。同時に祖父は、平和は大事だということもいっていたそうです。カメラを持っていたという祖父は、日本軍による残虐な写真を貼ったアルバムを作り、子どもに見せていました。1983年には、戦友会で中国に「慰霊」の旅に行っており、そのアルバムが残されています。食道ガンも患った祖父は、私が中学生のころに亡くなっており、以上のことは父やおばから聞いたことです。

1944年生まれの私の父は長男で、私が祖父と戦争についておじやおばに聞いたと話すと、かれらに何がわかるかと気色ばんだことが印象的です。そこには、祖父の暴力や理不尽さを、長兄であった自分が防波堤となって、受け止めてきたという自負が感じられました。東京の下町育ちの父は、小学校の担任の先生に、「最低の教育環境」といわれたそうです。そのような環境から、スパルタ的な努力で父は大学院に進学し、研究者になっています。都税事務所などで働いていた祖父は高い学歴を持たず、周囲の学歴のある人に昇進で追い越され、コンプレックスを抱いていたようです。それが父に対する教育期待になったのかもしれません。ここには明らかに、20世紀の日本社会の階級的問題が垣間見えると思います。父は私が6歳ころの時に離婚し、私は父子家庭で育ちました。父は自分が対人恐怖症といったこともあり、安定した継続的な人間関係にならないように見受けられます。

父の私への家庭教育は、今でいう教育虐待に匹敵するもので、私は父の出す様々な課題を家でやらされ、算数などは自分の学年を超えた教科書をやらされて、できないと折檻のようなことを受けました。激昂し怒鳴られることが多かったです。長距離の運転に際して、算数の証明問題などを車内でやらされ、スムーズにできないと厳しく責められたことが何度かあり、それは恐怖と苦しみの時間でした。鼻血を出すまでの体罰も多かったです。また離婚した母親について語ることを許さず、母親とはずっと会うことができませんでした。子どもの権利や人格を尊重しないこうした姿勢に、私は、祖父の人格破壊や戦争暴力の存在を感知せざるを得ません。

1973年生まれの私は、6歳のころに母親と引き離され、明らかに存在した母親の存在を父に否定され、そのことを語ることを禁じられて父子家庭で育ちました。微妙で多感な子どもにとり、その心理的なメカニズムはいかなるものだったでしょうか。物語ることが禁じられ、物語にならない人生を生きてきたのです。それは「解離」という精神医学の知見により、ある程度は説明できるでしょう。人は暴力的な事態に直面して、心を閉ざして暴力をやり過ごそうとします。無感情や冷感症的な心のあり方になるのです。自己を暴力的状況から解離することによって、自分というものが破壊し尽くされることを避け、多重人格的、解離的な精神のあり方が保持されます。解離は、暴力に対する防衛機制といえます。

私は30代に至るまで、ずっと心に鮮明に抱いてきた家庭内のワン・シーンを持っています。それは、台所に両親が立って、私にどちらかを選べといっているシーンです。私は、当時いつも泣いていて頼りなく見えた母ではなく、ネクタイを締めてピシッとしているように見えた父を選んだのです。このことを30代の後半になって、父と母に勇気を出して聞いたところ、そんなことはさせていないといっていました。私は自分の記憶と経験が否定されたようで、両親が嘘をついているのではないかと混乱したことを覚えていますし、今でも証拠がないので宙ぶらりんな感覚があるのです。もし両親が嘘をついていないならば、こう解釈できます。母の存在と記憶を封印するように父から圧力を受けた子どもの私は、自分で偽の記憶を作り出して、父子家庭に生きるという現状を肯定し、説明する物語を生み出したのだと。私の生きづらさとは、こうした浮遊感を内包する、リアルに生きているのかわからない解離的な状態をいうように思います。こうした私はこの文章を、当事者による研究、つまり当事者研究として記しています。

＊＊＊

黒井秋夫さんとは２０２０年11月に神戸の講演会でお会いしてから、トラウマを抱えた復員兵と暮らした家族という概念を鮮明に打ち出されたことに感銘を受け、それまで考えてきた私と「中村家」の問題を、改めて対象化し思考する機会を与えていただきました。一言でいえば、勇気をもらったのです。そして本会を通して多くの二世（子の世代）たちの声と生きづらさの経験に接することにより、私自身が日本社会に生き生かされる三世（孫の世代）であるという自覚が、強まってきました。さらに、同席されている北村毅さんや他の方と共に、「オートエスノグラフィ（自伝的民族誌）」という、自分や自分の家族を書くという方法論を検討する研究会を立ち上げ、そこでの協働的な議論も、本日わたしがこれまで話したことを整理し、思考を深化させてくれる働きを持ちました。

戦争暴力にさらされた一世、それを受け皿のように受け止めた二世、そして私のような三世の生きづらさは、先に私が触れたような「○○家の恥」などでは決してなく、日本社会が復員兵の抱え込んだ暴力に目をつぶってきた結果であり、日本政府がなんら手を打とうとしなかったという不作為の責任を示すものなのです。

複雑性ＰＴＳＤやトラウマの世代間連鎖についての研究は、ひとつのフロント（最前線）となっており、今後とも解明や事実の蓄積が求められます。本会に集う二世たちと、三世としての私は、戦争暴力に端を発した問題の生きづらさを抱えていることにおいて共通しています。黒井さんと本会の活動により、戦争へと駆り出され、自ら暴力を行使し暴力にさらされた一世、私の祖父たちの苦しみが、日本社会のみならず世界に理解されることを望みます。またその掘り起こしをしっかり行って、戦争の歴史のリアルな理解と、真の意味での中国人等の被害者との和解の作業を、今後も行っていく必要があると思います。

【追記】本稿は、2022年8月7日に証言集会で読み上げた原稿に加筆修正したものです。関連し、内容も重なるものとして、同時期に校正に入っていた原稿に以下があり、同年9月に出版されました。「日本軍兵士の子と孫世代のトラウマのオートエスノグラフィ：『PTSDの復員日本兵と暮らした家族が語り合う会』と私の運動から」『文化人類学』87(2)、264―284頁(2022年)。こちらも参考にしていただければ幸いです。本稿の内容とその発表方法について、北村毅さんから暖かいアドバイスを継続していただいていることにも感謝します(2023年3月20日記)。

第2章　森倉可盛の復員後を振り返る

戦後に持ち越されたままの陸軍兵士のこころ　ありふれた一事例の報告（概要）

キーワード　こころに戦争の芯ができる　戦争ボケ　アルコール中毒

① 本事例のふり返りを行った動機

戦後三四半世紀以上が過ぎ、実際に戦争を経た兵士を知る者がいなくなる時期を迎えており、今、戦争を持ち越したまま戦後を生きた陸軍兵士のこころをふり返っておかなければこの先行うことが難しくなるという時間的な切迫性を感じたこと。また、戦争が人のこころを壊してしまう様子を兵士の戦後生活から述べ、戦争を一般的な記憶としてではなく、自分たちの家族に起こったこととして繋いでいくことが戦争の記憶を後の世代に伝えていくために必要と考えたためです。

② 事例報告の目的

(1) 先の戦争に従軍した前後での本人変化の有無を確認する。

(2) 変化やその後の生活について、それに関連する要素を把握する。

入営前の森倉可盛

③ 実施方法

(1) 聞取り対象：事例の生存同胞と、子ども世代等で協力が得られた12人。

(2) 聞取り方法：生活史、兵士勤務前後の変化、戦後の生活などを手紙や電話等で聞き取った。

(3) 実施期間：２０２０年11月から２０２１年７月まで。

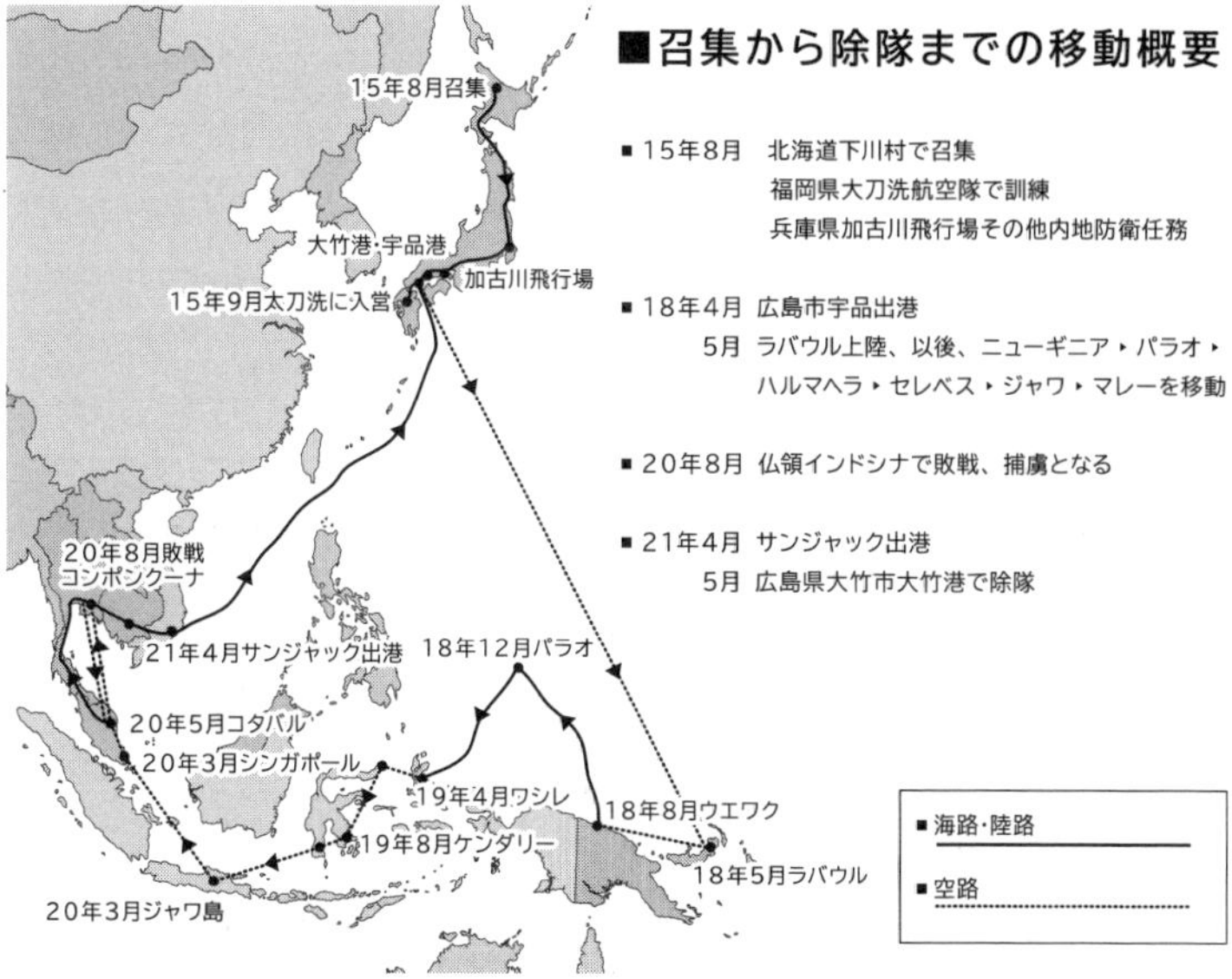

出征から復員までの移動

(4) 兵士勤務歴は北海道庁発行軍歴証明書に基づいた。
(5) 共同作業者：次男の森倉次郎と共同で立案、作業を進めた。
(6) 倫理的配慮：聞取りから得られた中で、生存者に関連するセンシティブ情報は記録しなかった。

④ 聞き取りの結果

(1) 生活歴

1919年北海道で農業労務者の夫婦の長男として生まれた。尋常高等小学校を出て山林労働、土木工事などに従事していた。

捕虜期間を含め約6年軍隊勤務。帰還後鍛冶屋などの後に開拓農業に従事し

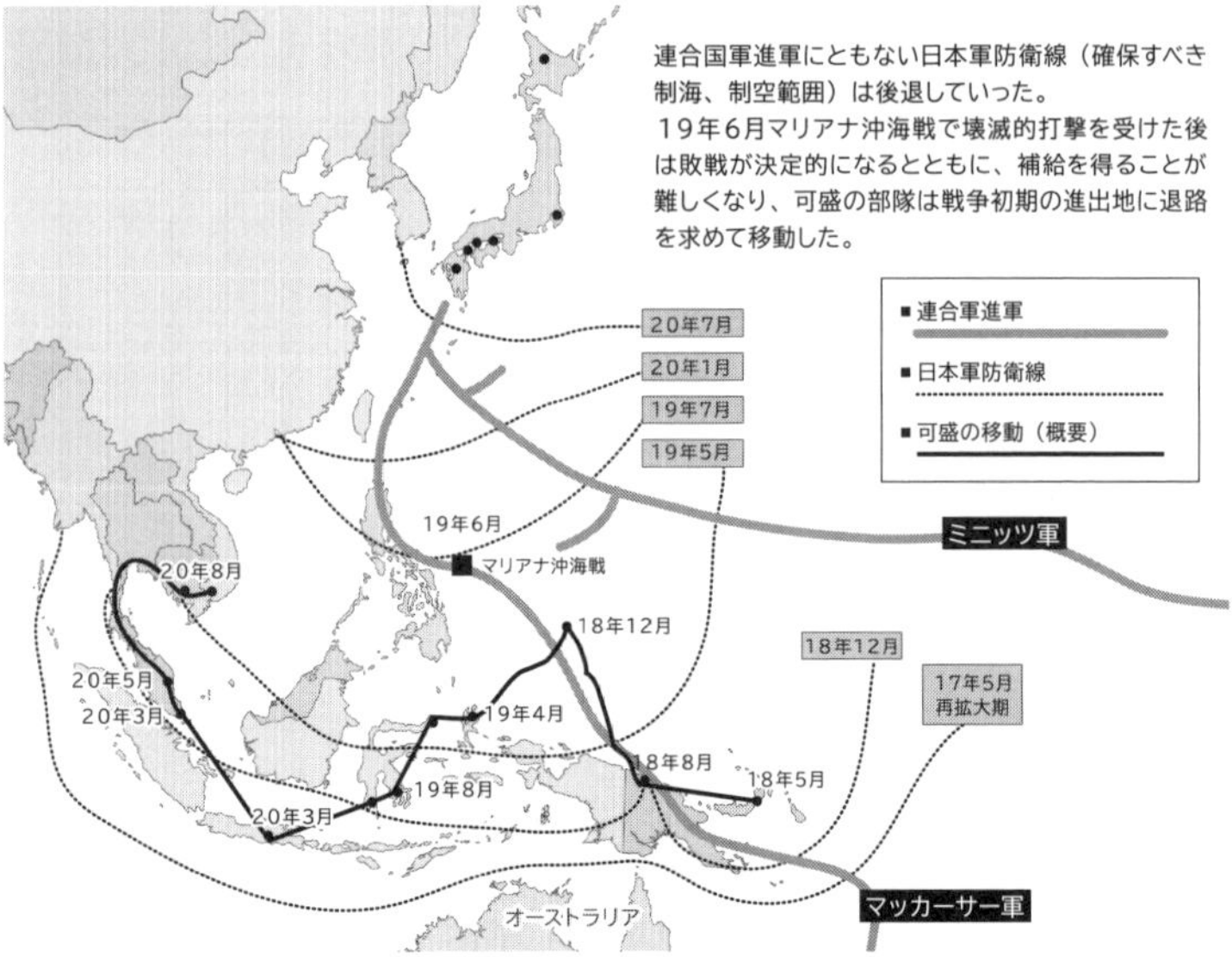

戦線後退と可盛移動地

た。

20歳結婚、外地勤務をはさんで2女3男をもうけた。

復員後マラリアによるとみられる痛みがあった。30歳代よりアルコール摂取が増加した。40歳半ばから働くことが少なくなり次第に連続飲酒のような状態になった。こころに戦争の芯ができたような状態で、酒を飲んで戦闘や軍隊生活のことを繰返し周囲にいって聞かせ、これがもとで時にトラブルとなったとの話もあった。56歳、不慮の火災で他界した。死亡前10年間は社会生活の困難が続く状態になっていた。周囲から戦争ボケ、兵隊ボケなどと呼ばれた。生存同胞からの手紙で、事例の配偶者が生活や心の苦し

戦争で壊れた心を追撃する戦後社会

みを吐露したのを聞いたことがあると記載があった。

(2) 兵士勤務概要

1940年徴兵検査、現役入隊、武装工手の訓練を受け陸軍航空整備兵として加古川基地などで内地防衛に服務した。

1943年5月所属部隊の海外派遣命令によりラバウル配属、以後ニューギニア、パラオ、インドネシア、マレイ、タイと任地を移動し、敗戦はインドシナで迎え、フランス軍捕虜となり1946年5月復員した。軍の最終階級は軍曹だった。

⑤ 考察

聞き取りから本人の感情や行動面の変化

が軍隊勤務前後で認められ、兵隊と戦争の影響があると考えられた。

この変化は通常生活感覚の摩耗、戦闘体験に繰返し占拠される精神状態、アルコール、社会生活がうまく築けないなど複数の要因による複合過程であったと考えられた。

1919年生まれの男性がその時代の軍国主義教育を受け兵隊に6年間いて、日本軍兵士と戦争体験が主要な人生事項であった人が、戦後、仕事と生活の困難に遭遇した時に、戦争体験が自己を説明できるものになっていたと考えられた。

それは、貧困、アルコール依存症、社会からの疎外感の中で生きることであり、とりわけ配偶者に筆舌に尽くせぬ負担を強いるものであったと考えられた。

「兵隊に何年も行ったら誰でもそうなります」

森倉栄一（実弟）

戦争が人に及ぼす影響やそれが後まで長く続くことを、森倉可盛の復員後の様子を振り返りながら考えてみたいと思います。

行列をつくって送り出した

私の軍隊経験

まず私自身の兵隊の経験を少しお話しします。

私は昭和4年（1929年）に北海道下川町で生まれました。末っ子で、5人同胞の年長であった兄とは10歳違いでした。小樽の予科練に昭和18年（43年）4月1日に入営し2年半いました。はたかれて（殴られて）歯が全部折れて食事がとれなくなってしまいました。ひどい目に遭いました。死ぬかと思いました。昭和20年（45年）の小樽空襲に遭いました、飛行機がすれすれに飛んできました。小樽には特攻隊もありました。今思えば私たちは弾除けにされたのだと思います。食べるものがなく食券が配られました。おばあちゃ

■関係地名　北海道

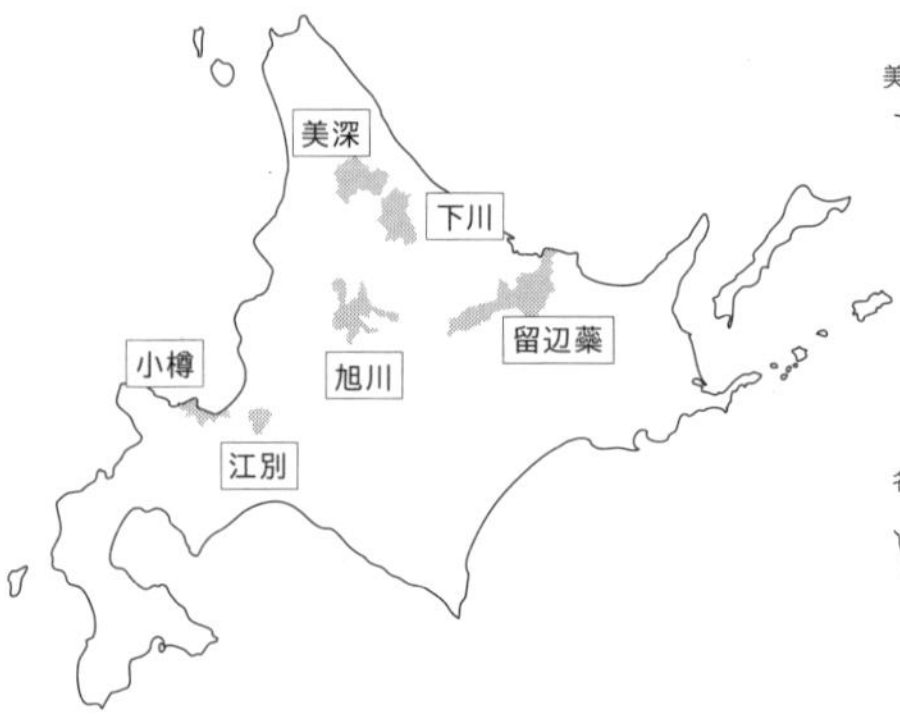

■関係地名　下川町

地名案内

んがごはんのお焦げをくれたのが忘れられません。

召集前の姿

可盛の話をします。可盛は兵隊に行く前は帳場の仕事をしたり、山仕事を請け負って儲けて家に米20俵を積み上げたことがありました。美深で鉄工所の見習いをしていました。

兵隊に行くのに下川みたいな小さな町で航空隊に入る者はいないというので、みんなで喜んだものです。町の優秀な青年の一人ということで、私もよく見られたものです。普段からにこにこしていて、その顔が今でも目に浮かんで来ます。いざこざをおこすようなことはなく、上手に世渡りしていたように思います。

入営と内地勤務

昭和15年（1940年）8月に出征しました。下川町珊瑠から3里の道をのぼりを立てて歩きました。その日は下川町から3人が出征しました。可盛が下川駅前で代表して挨拶に立ちました。私は兄をしっかり者だと誇りに思ったものです。

入隊してから葉書を2、3回よこしました。厳しい訓練の様子などが書いてあったように思います。柏に移動してからも1、2回書いてよこしたかもしれません。小学校の学校生徒にも手紙を送っていたようです。

戦時下の家族

あの当時は、下の姉は旭川の洋服屋の見習い、真ん中の姉は江別の軍関係にと、家族がバラバラになり顔を合せられませんでした。

敗戦

昭和20年（1945年）8月15日に玉音放送が流れ敗戦になりました。負けることは八部方わかっていましたが、それを口にすると警察に連れていかれるので誰も口には出しませんでした。私はほっとしました。私はいじめた上官をいつか仕返ししてやろうと思ってましたが、逃げてしまい探してもいませんでした。

生還

昭和21年（1946年）5月、私が五右衛門風呂に入っていたら、可盛は軍服を着て軍刀を下げて帰ってきました、びっくりしました。帰りを待ってはいませんでした。いつ帰ってくるか全くわからない状態だったからです。歩けるくらいの体の状態でした。帰ってくるだけでも精一杯だったと思います。

軍刀を下げて帰ってきた

鍛冶屋と開拓入植

戦後すぐには、昼は道路直しの土木作業、夜はそれに使う用具の修理をやっていました。兵隊に行く前に鉄工所で働いていた経験を活かしたいということで、鉄工所を始めました。プラウ（土を起こす農器具）などを作っていましたが、貸し倒れなどもあり倒産になりました。私は集金をして回りましたが、なかなか大変でした。

当時、下川には鍛冶屋が5、6件ありましたが、大きいところは機械を導入してきて追いつきませんでした。ある程度の資本は要るものです。鉄工所がだめでモサンルに開拓入植、農家をやれば食べられると考えたんだと思います。

兵隊前と帰ってきてからの可盛の変化

「兵隊」の前後で変わったこと、それは順調でなくなってしまった、何をやっても順調にはいかなくなった、軌道に乗らなかったということです。私はその流れをまずいと思いました。うまくいかないのは顔にも出る、それは身体にも良くない状態でした。人の波に乗れなくなってしまったことです。戦争に行って苦労したことが出てしまう、それこそ死ぬか生きるかを通ってきたことが出るのです。

可盛から離れていく

昭和40年（1965年）頃、可盛が私の働く留辺蘂に来たことがあります。夜中の12時に勤務先の吉田社長の家に鉄道から常紋（石北本線常紋信号所）まで迎えに来いとの電話が入り、私がタクシーで引き取りに行きました。酔っぱらっていて汽車から降ろされたようでした。社長から兄貴がいたのかといわれました。

私は年に1回くらい兄のところに行っていました。開拓に入った時期は、まだ芯から参っていなくて、まだ気力も残っていたと思います。それが周りから受け容れられないようになっていきました。一言ではいえませんが「変わってきたなぁ」と思ったものです。飲まない酒を飲むようになってしまいました。そういう流れがあるのです。兵隊から帰った人は、そのようなことが起こるのじゃないかと思います。兵隊に何年も行っていると変わります。当たり前です。誰でもそうなります。可盛はもともとそんな怒りっぽい性格ではありませんでした。兵隊に行って変わって、さらにまた変わっていくうちに、みんな可盛から離れていってしまったのです。

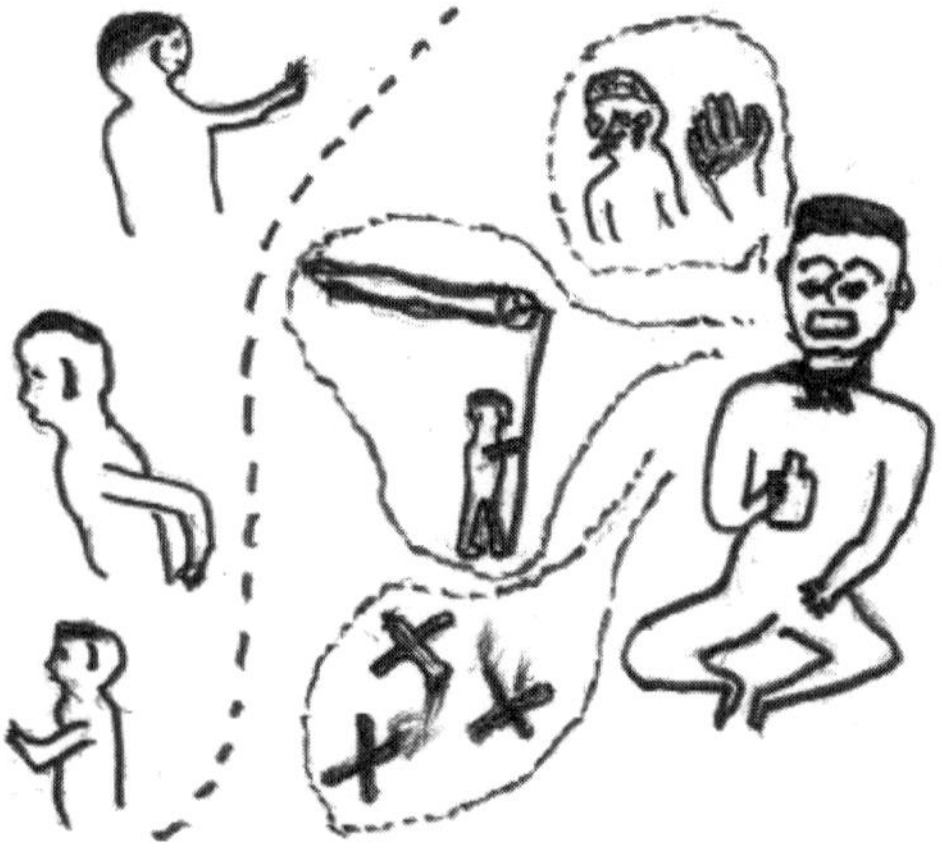

可盛から離れていった

私と父と戦争と家族　やっぱり戦争はいけない

森倉次郎（次男）

父から戦争の話を聞いたのは家族の中でも私が多かったように感じていたので、戦争の話や父親と私の関わり、私なりに見ていた家族の歴史を書くことにしました。父親を書くことは、つまり、自分を書くことと変わりないことに気付いたからにほかならないからです。父親の戦争ボケ、アルコール中毒、貧乏をネタに自らの怠惰を放置して70歳を生きています。三途の川を渡った時に亡姉、祖父、祖母、父、母はどんな顔をして私を迎えてくれるのだろうか。現在につながっている国や社会の姿を見据えながら書いてみます。

マラリア、麻薬、注射

今だから書ける話しです。子どもの頃から父はここが痛い、あそこが痛いといって家族に注射をさせていた。打てといわれて母が抵抗していた記憶があります。電気も水道もないモサンル（一度目の開拓入職地名）の山の中で医療と縁のない者が注射？　と思うのは不思議ではないですが、子ども心に外でいってはいけないことだと感じていました。父は「消毒さえきちんとしていれば問題ない」と、後ろめたい表情はなかったです。中学生になると私も打たされました。アンプルにはカンポリジンやメタボリンとか表示されていました。頭から足まで痛いというところに数限りなく打ちました。

父は戦争でマラリアを患って帰って来ました。今考えると、労働による痛みというよりは、マラリア後遺症による痛みだったのだと思います。注射を普通に扱えたのは軍隊で覚えたからだと思います。

アヘン戦争を引き合いに出すまでもなく、麻薬は国を亡ぼす恐ろしい薬物ですが、使いようで極めて効果があることも事実です。日本は台湾統治、遼東半島租借を経てそのことを知り、世界有数の麻薬大国になった流れがあります。一つは濡れ手に粟で金になる＝戦費調達になること、二つ目は兵隊の戦意高揚・戦闘恐怖を取り除くのに役立つということです。とくに激務の航空隊では、覚せい剤が日常的に使われていたことが明らかになっています。

昭和18年（1943年）9月以降、敗走に次ぐ敗走を重ねた日本軍、父の部隊も同様の毎日だったと思います。それを父の任地の移動の激しさが物語っています。よく父は戦闘について「話にならなかった」といっていました。物量に勝る敵に対して、飛行機を整備して戦友を乗せる＝死ぬことがわかっていてもです。こちらは数機しか飛ばせないのに、敵機はその何倍もやってくる。撃ち合うというよりは友軍機が上昇しても下降しても敵機に追われて撃ち落とされたり、自ら海に突っ込んだりして亡くなった光景を目の当たりにしたと語っていました。

またある時は猛烈な爆撃に遭って、逃げても仕方ないと覚悟を決めてウィスキー片手に海岸で寝転んでいたら助かったといっていました。ジャングルに逃げた戦友が高い木に全身バラバラになってぶら下がっていた、高い木から下すのが大変だったともいっていました。父は戦闘機乗りではなかったですが、飛行機はない、敵は襲来する、戦友は減っていく、食料もない、そんな極限状態の中の覚せい剤です。死ぬ恐怖を忘れさせる薬としては、あまりにも普通だったのではなかったのでしょうか。中隊で日本の土を踏んだのは20人余りといっていましたから、中隊の規模にもよるでしょうが、帰還割合は10％～20％くらいでなかったと推測します。よくぞ生きて還ってきたのです。

戦争ボケ、アルコール中毒

飲むと父は必ずといっていいほど戦争の話をしました。戦争ボケといわれていました。初年兵の頃の上官のしごき、加古川飛行場での合同訓練の時に吹き流し（飛行訓練には欠かせない）を挙げる役に抜擢されましたが、3回失敗。腹を切ろうと思ったが、4回目のチャンスを許されて成功して命拾いをしたことから始まって、南方戦線を転戦してベトナムで敗戦を迎えたまでのもろもろの話。飛行機乗りではなかったですが、操縦士が飛行機に乗ってから飛び立ち弾薬を発射して敵と戦う一連の流れを間違いなく行えるか、整備士として整備・確認することに心血を注いでいたのが言葉の端々にうかがえました。森倉に整備してもらえば安心して飛び立てる＝死にに行けると操縦士に信頼してもらうことだったと思います。

生死がかかった一つの間違いも許されない緊張の連続。父はよく「俺がいないと飛行機は飛び立たない」といっていました。軍歴を見ると、転戦する時に一部を除いて飛行機で移動しています。悪化する戦況。飛ばせる飛行機が少なくなっていた中で、転戦する時は外せない兵隊の一人として上官と乗り込んだのだろう思います。そのことは、戦況の悪化に追われながらも生還につながった要因の一つであったことは間違いないと思います。

戦争の話はもうたくさん、戦争の話が始まるとその場を逃げたいと思うのが常でした。とくに、二度目の開拓に入ってからは父母と私の3人で暮らしていたので、話を聞くことが多くなりました。飲んで戦争の話ししかしない父を私は嫌っていました。

父は初めからアル中だったわけでないです。モサンル開拓に入ったころは、アルコール好きではありましたが、仕事もバリバリやる子煩悩な父親だったと思います。モサンルを離農して長屋（大火被災者用住宅で、応急的に使われていた）に住むようになって然別《しかりべつ》開拓に入るころから、ひどくなったように覚えています。当然といえば当然だったかも知れないです。妻や子どもがいるのに戦争に引っ張られて死ぬか生きるかの苦労をして、やっと生還した。下川から航空隊

吹き流し（飛行訓練には欠かせない）

に入って成功したこと、命がけで戦ったことをわかってほしかっただけだ、戦争ボケと馬鹿にしないでくれと言いたかったのだと思います。

　アル中と戦争ボケは対になっていると考えることができます。帰還兵の苦悩、開拓の苦労を置き去りにしたまま時代は走ります。「もう戦後ではない」、経済成長、東京五輪、三種の神器。時代についていけない人間はいらないとばかり、敗者のレッテルを貼られ疎外されます。航空隊軍曹はいらない、敗残兵の完結だ。棄民、自己責任は日本社会に通底しています。戦後もうすぐ80年、未帰還の日本軍遺骨は113万体（収容可能60万～83万体：厚労省）にのぼります。戦後は現在進行形なのです。

一緒に入植した仲間はみんな離農、モサンルの一番奥に残った一軒だけの森倉さん。兵役、帰還、開拓、徒手空拳でがんばった俺を責めるのかと、父はいうでしょうか。

土地、保安隊勧誘、生活保護、三男

父は土地がなければだめだ、土地があればなんとかなると強く信じていたと思います。執着といってもいいです。思いは父彦三郎・母廣代の働き方、日雇い＝生活の不安定さから学んだに違いないです。捕虜になってフランスの倉庫番をさせられた時に、食料の豊富さに「これじゃ勝てない」と思ったことも少なからず影響しているのでしょう。

土地＝食への思いがモサンル開拓に向かわせたし、モサンル離農後の再入植を決意させたのだと思います。私は、モサンルから出る時に、どこか工場でも働く方がいいのではないかと感じていました。世の中、開拓じゃないだろうとも。

母から聞いた話です。モサンルで苦労していた時に戦友が来訪してきました。「また俺たちが活躍できる保安隊（自衛隊の前身、1952年発足）というのができる。森倉ならすぐエラクなれる。こんなところで苦労はすることはない。保安隊に行こう」と熱心に口説いたそうですが、父は首を縦に振らなかったそうです。母は苦労のどん底から抜け出せる、子どもたちにちゃんとした教育を受けさせてあげることができると喜んだのに、適わなかったと。

モサンルを離農して再入植地で家を造るまで、長屋に住むようになりました。父は体調も悪く、働くことが少なかったです。私たちが住んでいた地域・一の橋での一番の貧乏な家といってても過言でなかったです。ある時、村の顔役が「森倉さん、生活保護を受けた方がいい」と勧めに来てくれました。父は意外にも「生活保護は受けない」と断りました。困窮していたので、父の回答に不思議な印象を持ったのを覚えています。この時点で傍目からはプライドといえるものは無かったにもかかわらず、父は頭を下げることは苦手だったです。

三男が旭川に養子に行ったのもこのころでした。話がどこでどういうふうに決まったのかは、よく覚えていないです。7月の強い風が砂利道の砂を巻き上げていたのを覚えています。学校から帰ったら、三男が旭川に行ったと聞かされましたが、すぐ帰って来るのか、長いことになるのかはっきりしていなかったです。なにかが違うと思いながらも、父母にどうしてそうなったのか死ぬまで聞かなかったです。避けていたというより、それぐらい貧乏が極限な状況にあったと認識していた自分がいたのだと思います。

三男が旭川にいた時に、長男清一と私はそれぞれ1回ずつ会いに行っています。父も1回行っているはずです。三男と二人だけで話すような感じではなかったので、三男の気持ちを聞くことができなかったですが、そんな家族の訪問を三男はなんと思ったでしょうか。言葉がないです。三男が帰りたがっていると聞いて迎えに行ったのは、私でした。1回目は三男が旭川から一人で汽車に乗車、公安に補導されて連れ戻されてしまいました。2回目はバスを使っての電気も水道もない家に三男を連れて帰りました。三男は中学3年生で、私は高校2年生でした。

三男の苦労に思いを馳せることもなく暮らしていた私は、少しは贖罪を果たせたように思いました。父は「お帰り」とも、「悪かった」ともいわなかったです。私は父の労苦を理解しているつもりだし、孝行の一つもしないまま死なせたことに謝罪したいと思っていますが、父の三男への一連の態度については、あの世で会った時に聞いてみたいです。戦争に行って生き延びて開拓で苦労した、とにかく貧乏、ぎりぎりだった、疲れ切って焼け死んだ俺を責めてどうなるんだと返されるだろうか。父はいつもパイナップルを窓辺に置いていました。食べるのを見たことはなかったですが。心は死ぬまで南方戦線にいたのでしょう。

父の性格

一言でいうとバカ正直、おもてうらのない人間だったと思います。飲まないといいたいことがいえない損な性格。「バッター棒だ」と叫ばれた時は、数えきれないが殴られたことも邪険に扱われたこともないです。成績のことを聞かれたことも、どうしろこうしろといわれたこともないです。

モサンル時代、父の友達が来ました。飲み交わしたいが焼酎を切らしていました。父は私に買いに行けといいました。往復18キロを自転車で汗かいて帰って来た時に、事件は起きました。自転車から一升瓶を下そうとした時に、手が滑って石にぶつかって焼酎を土に飲まれてしまいました。恐る恐る家に入って事情を話したら「そんなわけで今日はおしまい」と、友人にいって散会になりました。怒られもしなかったです。

中学生の時、父と木工場でアルバイトをしたことがありました。板ノコで切った板を運ぶ単純作業でしたが、父は担げるだけ担いでいました。そんなに担いでもお金は同じだよと半分バカにされながらも、気にする様子はなかったです。運動会で親子リレーに出たことがありました。小学生は私、中学生は姉の幸子、親は父でした。結果は私がスタートで転倒してしまってビリだったですが、父は長靴で全力疾走。走り切りました。早かったです。順位に関係なく力を尽くす態度は偉いと思いました。

「バッター棒だ」

日歩3銭5厘がどんなに恐ろしいか、

長靴で全力疾走

借金は恐ろしいと力説していた父でしたが、後年は金銭感覚が壊れていたと思います。アル中を見透かされて利用され騙されたといえばそれまでですが、砂利を舗装会社に大量に掘られ運ばれました。騙し盗られたといってもいいです。焼酎を何本もらったかは知らないですが、舗装会社は砂利代をタダ同然で手に入れました。防げなかったことに無力、無念を感じました。

私の知る父は、いつもドロドロの服装をしていました。汽車で父に会うものなら、降りたくなったのを思い出します。亡くなる前の夏などは、すててこ一丁でいることも多かったです。しかし、戦争に行く前の父はおしゃれだったようです。スーツ姿に伊達メガネの写真があります。南方戦線で生死の境を潜り抜け帰還した父にとって、服装やおしゃれはどうでもよかったのでしょうか。

モサンル時代・父

私は今でも墓参りがてら、モサンルに年に1、2回行っています。行けるのか？　恐ろしくないか？　熊に会わないか？　と聞かれます。携帯電話が圏外になって姉夫婦に心配をかけたこともあります。50年以上も前、モサンルを離農した時に森林組合が植林したカラ松が5、6年前に伐採されて、我が家の土地の跡が蘇りました。見た時は思わず声が出ました。役場に行って買いたいといいましたが、売れないと断られました。

モサンルは私の心の原点です。電気も水道もない、学校まで9キロ道のり、食うや食わず、家中がしばれて死ぬかと思ったことなど苦労は山盛りでしたが、父を先頭に家族みんなが必死に生きた、かけがえのない時代でもありました。家族がそろっていた貴重な時代。何より貧乏に負けない活気がありました。農作業、建前、山菜採り、魚釣り、ブドウやコクワ採り、スキー、四季折々の新鮮な風景、吹雪の恐怖。春になって解けかけた雪が夜間の冷えで凍り、堅くなった状態に走らせる爽快な自転車遊び。馬・牛・豚・羊・ヤギ・鶏、犬・猫・兎がいました。蛍が飛んだ池もありました。農作業や遊ぶのに忙しくて悩む暇はなかったです。

父の盗伐で捕まったことも、どぶろく作りを密告されて旭川税務署に検挙されたこともありました。盗伐は国有林を盗むことですが、父は3回盗伐をやって1勝1敗1分けであったと思います。1敗は、仲間を誘って大きくやったのが見つかって、後々まで借金になりました。1勝は離農した開拓農家だった人の木を切って売り払って、子どもの自転車を買ったように記憶しています。1分けはのウチの土地と川の間の雑木を切った時。営林署が来てやめろといい、父と私はウチの土地の木を伐って何が悪いと断ったが営林署は国有林だ、伐るなというので、作業中止。後日、なぜか伐った木は営林署が持っていったまま沙汰なし。盗伐を悪事と書いてないことに違和感を覚える人もいると思いますが、父は入会地《いりあいち》的発想をどこかに持っていたのではないかと、私は密かに擁護しています。

どぶろく作りで捕まったのは、仲の悪かった人にも振舞ったからです。おひとよしで、新聞にも出ました。税務署から「飲むな作るな密造酒」と書いた鉛筆を3本もらいました。女性教師に顛末を話したら、絶句していたのが忘れられないです。

冬になると、父は山仕事＝やまごをやったり、痩せ馬を連れて木材の陸送に行きました。年末に父が持って帰るみかん箱の大きさや下着の数で稼ぎがわかりました。鍛冶屋をやっていたから刃物研ぎ、目立ては得意でした。「切れない刃物は疲れるだけだ」といっていました。ノコの時代じゃないといってマッカラーチエンソーを15万円で買ってました。当時の15万円！

心の原点　家、父、動物、家屋跡の土に眠る生活の品々、つぶれたアルミ急須、壊れた野球ボール、化粧クリーム瓶、茶碗のかけら（森倉麗子描画）

馬を売っても足りない金額でしたが、そのチエンソーで稼いだかどうかは知らないです。
一の橋で焼酎を飲んで、夏はほ道車（馬が引く運搬用具）、冬は馬そりに揺られて帰ってきました。家に着くと、馬が鼻を鳴らして帰宅を知らせます。父は酔い潰れて寝ていました。馬は賢いです。農家に文書などの書き方の相談にのっていた風景も思い出します。モサンル時代の父は全力で生きていました。土地、家族を得て戦争で失いかけていた心の安定を取り戻した時代だったといえます。

父、母へのわび状

兵隊ボケ、アル中の父を理解しようと考えたことありませんでした。家族でありながら父の苦悩に思いがいかなかった浅はかな自分がいました。自分は父とは違う、父のようには絶対なりたくないと固く思っていました。なんという無理解、偏見、驕りだろうか。詫びても詫びきれません。

私は父母に高校を卒業したら農家をやるといっていました。一方、こんな寒村で終わりたくないと主張する自分がいました。結局、親との約束を反故にして上京しました。親戚から次郎の上京に父母がひどく落胆していたと、後に聞きました。今となっては詮方ないですが、薄情な息子よといわれても返す言葉はありません。

戦争は人を変える――森倉可盛の戦後生活に映し出された戦争

森倉三男（三男）

自分を納得させたかった父ちゃんの姿

私は里子先の旭川から次郎さんに救出してもらい、その足で清一さんのいる横浜に行き、6年ぶりに自分の家に帰省したところ、父ちゃんは向かいの山に目を遣りながら「いい景色だろ」と、私にいいました。なんの変哲もない眺めと父ちゃんのことばとの間の繋がりがつかめなかったです。それから50余年、その時にわからなかった父ちゃんの気分を推しはかっています。

活気にあふれ少し見栄っ張りなところのある青年が航空隊に入り、上手く適応しながら内地勤務していた間は兵隊風を吹かして気分が良かったかもしれないですが、敗戦に向かって転がり落ちる中で転々と島々を移動した過酷体験と捕虜生活は、戦後の彼の状況対応法の極端化を促したのではないかと考えます。

ベテランの航空整備兵で部隊司令に近いところで働いたから命こそ落とさなかったが、通常の生活感覚の摩耗など精神心理変化を抱えて帰ってきたのではないか、それが戦後の行動に影を落とすとともにし、その精神心理的変化が暮らしぶりに表れていたのではないかということを述べます。

通常生活感覚の摩耗、常識の無意味化

諸現象に対する受止め閾値が極めて高くなってしまったのではないかということ、通常の生活で起こる困難とか危険は、生存危機に晒され続けた人間にとっては、ほとんど感知すべき対象でなくなるということです。集結地ラバウルから本配置されたウェワク東飛行場は過密状況でしたが、そこを昭和18年（1943年）8月16日、17日に爆撃され、所有機の3分の2を破壊される大きな被害を受けました。ウェワク移動後、12日目にです。この時期から陸軍航空隊は次第に戦力の先細りが進み、劣勢のまま再編転進を繰り返しました。

圧倒的な敵攻撃を受け続け、計画的な作戦行動が取れなくなった軍隊が追込まれるのは、守りの生存原理ではなかったかということです。機体が次々と破壊され、飛行場に穴があけられ、残った機体で飛び立った戦友が目の前で撃墜され、自分自身もいつ命が吹き飛んでしまうかもしれない状況が年単位で続く時、生命の危機に直接関わること以外は反応しない神経になったのではないでしょうか。

昭和35年（1960年）頃のこと、雪が積もりだし暗くなるまで、芋の収穫作業をみんなで

「いい景色だろ」

やっていた記憶があります。なんでもっと早くやらないのだろうと子ども心に思っていました。いよいよ切迫した状況でなければ行動が開始できなくなってしまった可盛の行動の現れではなかったのかと思っています。

同様に過酷体験のもたらすものとして、通常の社会規範が本人にとって無意味になったのではないかということです。一般社会で生きることとは常識に縛られ、取り繕いながら過ごすことでもあります。兵隊とはこれをリセットして人間的感覚を徹底的に削ぎ落とし、命令で動くようになることとです。内地防衛勤務をしていた間は、全部が削ぎ落されることはなかったかもしれない。しかし戦地では殺すか殺されるかですので、死なないよう逃げるしかない。この現実に毎日晒されながら生き延びようとする時、生存のための有効性によって優劣が順序付けられる行動原理のもとにおかれます。

可盛には、自分の入植地に隣接した国有林の盗伐をした、密造酒を作って飲んだ、警察と争いごとをしたなどの「武勇伝」があります。戦後の戦地帰りの兵隊が社会に融け戻らない時期では、逸脱行動はそれほど珍しいことではなかったと思いますが、しばらく経っての時期でも可盛はこれを通常の感覚で行い、後ろめたいものを伴うことはなかったようです。戦場を通過した人間の行動の変化がそこに影響していたのではないかと思います。

薬物多用、アルコールによる防衛行動

戦争による感性や行動変化を強化するものに薬物多用がありました。一つは覚醒剤です。これは本人に即しての事実を追うことができないので、その影響は可能性の範囲に留まります。しかし、日本軍が疲労回復、眠気解消、士気向上のために、主に錠剤による覚醒剤を配布常用していたことは政府が国会答弁していることであり、航空隊前線で搭乗員と寝食をともにしていた整備兵の可盛も同様であったと考えられます。それがその後の精神機能に影響があったかはわかりませんが、復員直後は怒りっぽくなっていた（栄一叔父さんの回顧）などが観察されており、全く無関係と言い切ることもできない気がします。ブドウ糖液の注射を自分だけでなく子どもにも操作を強いたりするなどの行動は、戦地で行われていたと思われる軍隊の薬物使用

の常態を表していたのかもしれません。

もう一つの薬物乱用はアルコールで、可盛につながるイメージそのものであります。アルコール依存症の進行性の特徴から、いつからどのようにということは定かでないですが、昭和35年、40歳前には連続飲酒状態になっていました。比較的早い年齢です。妻の朝江がこの時期に「死のうと思ったけど、子どものことを思うと死ねなかった」と漏らしたとあり、夫の病状が進行し家族に強いストレスがかかる状態に至っていたと考えられます。アルコール依存症の正しい理解や対応が促されるのはずっと後年のことであり、酒に負けた本人が悪いとだけ考えられていた時代でした。

可盛の有害なアルコール行動を促したのは、なんといっても厳しい開拓農家の生活と貧困でした。営農が成立するには作物がとれる土地、技術や設備、運転資金と生産物販路が必要で、これらが極度に欠けていることが見込まれながら進められたのが、モサンル開拓という復員者対策を併せもつ事業でした。社会の流れから取り残され、出口の見えない極貧生活の中で可盛が自分を防衛するために採用したのは、アルコールで武装しながら軍隊で身に着けた威圧的で怒りっぽい態度を復活させ、兵士の体験をいって聞かせることでした。それによって可盛は生死を賭けて過ごした南方の戦場を再現させせました。その誰も振り向かなくなった戦争の体験は、可盛にとっては大切な存在の根拠でした。そして、そこまで追い込まれても生きることができたのは、朝江ががまんをして離れずに居て働いてくれたからです。

行われなかった兵士の精神ケア

激戦地や陰湿な内務班で多くの精神障害者が発生し、兵隊として使い物にならなくなり後送・収容されましたが、医師と軍隊はそれを見えなくさせました。昼夜60日以上続けて戦闘場面に置かれると、ほとんどの兵士は戦争精神病になるといわれます。可盛は南方で2年、昭和20年（１９４５年）には激しい攻撃からの後退の連続でした。戦後大量の戦争精神病者や今日でいう心的外傷後ストレス障害者（ＰＴＳＤ）の発生が予測されていましたが、必要な情報を開示せず、対策を行わず議論も避けてきました。

そのような対策を行うくらいの視野があれば、戦争進行を評価して破局的状態に至る前に判断したかもしれませんが、日本の軍隊と為政者はそれをせず、逆に不都合な資料は廃棄・隠蔽しました。敗戦で可盛が捕虜収容所に入っていた昭和20年9月27日には、天皇裕仁はアメリカ大使館のマッカーサーを訪問し、間接統治と戦争責任免責扱いで手打ちしました。

命じた者たちの巧妙な立振る舞いの後ろに取り残されまま食料難の日本に帰還したものの、社会の表層は手のひら返しをしていて、兵隊の鋳型にガチガチに固まってしまった人間がゆっくり元の人間に融け戻っていくことができるプロセスなどは用意されるはずありませんでした。梯子を外した国に還ってきた兵士は、奇妙な座りの悪さを感じながら、それぞれの心の落ち着きどころを見つけなければならなかったのではないでしょうか。酒を飲みながら兵隊の昔語りを子どもに繰返し説いて聞かせたのは、その一つの姿であったと思います。

日本は戦争に負けた、軍事的に敗北したが、より本質的には命と人間性を大切にしないことにより兵と組織の荒廃、劣化、内部崩壊が進んだ、その事実を見ないことにおいて敗北したのです。それを戦後も向き合わないとすれば、戦争で犠牲になった人や影響を受けた人に冒涜を重ね続けていることになると感じます。

失わなかった自尊への意地を未来につなぐ

向かいの山に目を遣りながら、私に「いい景色だろ」といったのは、正直に生きてきてこの通りだということを伝えたかったのではないかと思います。人生後半は決して上手な世渡りができなかったけれど、自尊の気持ちを保つ意地は捨てなかった、負け惜しみと強がりがそこにあったとしても。私は今、父ちゃんがその気持ちを持ち続けていたことに救いに感じます。

戦争のために動員された人間は画一化され、人間性を変化させられる。その後遺症は戦争のあとにはっきり表れます。戦争の影響を父の実際と家族の経験としてとらえる時、それは自分が生きた戦後史と重なり、戦争とは戦闘のことだけではなく、人間性の後退と封じ込めであっ

未来をみつめる地蔵（絵　森倉麗子）

たことを気づかせてくれます。父ちゃんは変わってしまった自分と自分の誇りの抗いの途中で死んだのです。その背景、経過を想像することは、今を生きる人間の自由と多様性を絶えず更新していく戦いの中にしか普通の生活は成立しないという、容易ならざる持続的営為を足元から支えてくれると考えます。

第三世代の受止め

さて兵士の子ども世代は親の姿を見て戦争を知ることができますが、第三世代（兵士の孫の世代）が自分の近い先祖に起こったことをどのように受けとめるのかが問われていると思います。教科書の歴史と家族の歴史の結びつきです。私の子ども（30代、男性）がどのように受けとめているか、話を聞く機会があったのでその概要を記します。

＊＊＊

今戦争が起こっていることと、先の戦争が今に続いていることに驚きます。

1980年代生まれの人間にとって、第二次世界大戦はかなり昔の教科書上のできごとに近い感覚があります。終戦から私自身が世の中を意識するまでの50余年間は、高度経済成長から急速に高齢社会化する大きな社会変化があるものの、戦争の影が身近にはない暮らしでした。

ところが2022年にクライナへの軍事侵攻が激化し戦闘が続いている状況があり、これを利用した世論形成の影響を受けて軍事力強化や集団的安全保障が前面に出ています、これは以前の状況とは異なっています。一方、昨年あたりからこの家の第二次世界大戦に兵士として参加した祖父や戦後の生活状況を戦争との関係で記述する作業が進められています。その中で感じていることです。

現代において実際の戦争が目の前で起こることの驚きです。武力で問題は解決できず、武力を行使しても必ずそのひずみが後世の歴史の中で新たな紛争を引き起こすことは、すでに世界の学習事項だと考えていました。しかし、その認識は違うのだということを目の前の現実で見せられています。日本が戦争をしてこなかったことは貴重なことですが、一方、現代国家の形態を整えている国は外交で問題を解決するものだと思っていたのは、この日本に住んでいる私であり、そうでない世界もあることをいやでも知らされたことです。

私の認識をゆさぶるように戦争の事態が進行しています。現代国家において問題を武力行使で対処することが厳然と続いていることです。第二次世界大戦は極めて大きな損害をもたらしたので、国家間の問題解決としての戦争は終わりにしたはずだ、たしかに第二次世界大戦後も連綿と紛争は発生しているが国連の安保理事国のような、いわば世界秩序に責任を背負っている国家が自ら武力行使をするようなことは、すでに歴史的に決別できているはずだと。しかしそうではないこと、戦争は起こされ止められていない事実の前にして、認識の総点検を迫られている気がしています。

戦争は解決法の失敗と見ることができますが、失敗とは見ない考え方や人命損失や自然破壊に勝るなにかがあるという考え方に基づいて戦争が戦われています。失敗ならそれに早く気付き修正することができます、しかし一度始まった戦争は止められない、その苦悩があります。

もう一つは日本の問題の処理の仕方は今も昔も同じだということを、我が家の戦争と戦後の経験を聞くことで感じていることです。その要点は切り離しです。切り離すことで平和的な日本の感覚が得られた一方、戦争を隔絶感のある遠い出来事であるという感覚に導くことができたということです。これが、私たち世代の先の戦争への遠い距離感の一因になっている気がします。しかし実際には我が家にあったような元兵士の浮かばれぬ現実もある、そうした現実を切り離したり薄めたりして進めていくやり方です。

東日本大震災による原発被害の本質的問いかけを別に置いて進んでいくようなやり方と似ていて、日本の深刻な問題の取り扱い方はあまり変わっていないことを見せてくれていると思います。新しい戦後といわれるような現在にあっても、まだ前の戦争が影響を落としてつながっていること、しかしそれが現実認識と交わらず論議が乏しいまま進めていること、そのやり方の危険性を考えているところです。

第3章　私が背負った昭和の業《ごう》

野崎忠郎

７３１部隊に柄沢十三夫《からさわとみお》という軍医がいた。長野県の農家の出で、13人目にはじめて産まれた男の子だったので十三夫と名づけられた。成績の良かった十三夫は家と村の期待を担って医大を出、その後軍医学校に進んだ。日中戦争勃発後中国に渡り、防疫給水部（後の７３１部隊）でチフス、コレラ、赤痢の調査、予防に従事、その後満州・平房《ピンファン》にある７３１部隊に所属した。彼は細菌戦を担うために純粋培養された軍医だったといえる。

柄沢はそこで各種病原菌の大量生産を指揮することとなった。そこでの人体実験や実際に実施した細菌戦にはチームの責任者だった柄沢も当然積極的に関わっていたはずだが、満州時代の柄沢がそのことについて残した言葉はない。彼の上司は、柄沢が極めて勤務成績の良好な軍医だったと評しており、柄沢自身も後に「日本軍将校トシテ細菌生産任務ヲ遂行スルタメ全力ヲックシタリ」と自己評価している。当時の「滅私奉公、尽忠報国」イデオロギー下における、典型的な軍人だったといえる。

731部隊のやったことのうち、医学的に専門性の高い事項はアメリカが持ち帰って極秘事項としているが、部隊の概要はいま広く知られている。1945年8月9日、ソ連軍がソ満国境を突破して侵攻してきた直後に人体実験用の捕虜を全員射殺して焼却、施設設備は工兵隊が爆破、隊員は家族と共にいち早く日本へ逃亡、という経過も明らかになっている。だがその時、幹部である軍医柄沢は逃げ遅れてソ連軍の捕虜となった。それ以前から部隊は満州全土に細菌戦のネットワークをつくりつつあり、その任務のために本隊を離れていた柄沢は取り残されたのだった。シベリヤに送られた柄沢はソ連による軍事裁判「ハバロフスク裁判」で部隊の全貌を供述した。その内容はもう私達が知っていることなのでここには書かない。柄沢はそこで禁固20年の判決を受け、ラーゲリに送られた。

7年後の1956年、日ソ共同宣言に伴って恩赦が決まり、柄沢は釈放されることになった。だが、明日にも帰国命令が出されると思われていた夜、柄沢は自殺した。縊死だった。遺書はなく、遺骨はラーゲリの共同墓地に埋葬されたが、日ソ国交回復後未亡人が現地を訪れて遺骨を掘り出し、故郷の墓地に持ち帰り改葬された。

1990年代初め頃、NHKテレビが柄沢を取り上げる番組を放映した。その番組を見た後、父の妹である叔母と話をしている時、私がそのことに触れると、叔母は「柄沢さんなら私よく知ってるわよ」と驚いた声を上げた。

「柄沢さんとお兄さんは大の親友で、軍医学校時代の柄沢さんは何度もうちに遊びに来て泊まっていったのよ」と、叔母は続けた。ほぼ同年齢だった私の父も医大卒業後、軍医学校で学んだ。その時期父の家は東京にあったから、長野から上京していた柄沢は父の家で家庭の味を味わっていたのだろう。

私は父の軍歴を詳しく知っているわけではないが、父は軍医になってすぐ国内の陸軍病院に配属され、1937年7月の日中戦争勃発直後中国戦線に出征した。そしてたぶん38年か39年初め頃、731部隊に配備された。父は柄沢のように軍医学校からまっすぐ731部隊に行ったわけではなかったが、私は父も柄沢と同じように細菌戦要員として養成された軍医だったと思っている。父と柄沢は、細菌培養や人体実験をしている部隊の建物と同じ敷地にある、東郷村と呼ばれていた隊員宿舎に隣組同士として住んだ。私はその東郷村で、40年1月に生まれた。

柄沢とは違い、父は731に最期まではいなかった。これも推測だが、43年暮頃に、父は南方戦線に配置転換された。その頃の南方戦線は敗北に敗北を重ねていたから、陸軍は満州の部隊を引き抜いて南方に投入するしかなかったのだ。南方戦線では、たぶん5割以上の確率で死が待ち受けていただろう。一方、731にいればほぼ死はまぬがれる。そんな過酷な人事にも、兵士や軍人は黙って従わざるをえない。家族を内地に帰して南方に向かった父は、その時死を覚悟していたかもしれない。

だが父は死ななかった。米軍に追われて太平洋を北に向かって敗走する日本軍の中で父は本土決戦要員に指名され、硫黄島も沖縄も跳び越して九州に配備された。今度は軍の人事が父を死の淵から遠ざけた。そして無条件降伏によって本土決戦が避けられた後、父は私達のもとに復員したのだった。その時、柄沢は戦争犯罪人としてシベリヤに幽閉されていた。

私の記憶は、ようやくその頃から残り始めている。長野県下の山村で開業医として戦後の生活を始めた父には、敗戦によってうちのめされた翳《かげ》など全く見当たらなかった。その頃の父はよく村の有力者と酒盛りをしていたが、そこは父が戦争譚を語る独壇場だった。父はその酒盛りの場で、日中戦争やジャングルでの戦闘を語る時と全く同じ調子で731でやったことを大きな声で話していた。細菌培養、人体実験、飛行機からの細菌爆弾の投下――襖《ふすま》を隔ててそんな話を聞いていた私はまだ小学校1、2年生だったが、父の話の内容はすべて鮮明に記憶している。幼い心にも、それがあまりにも異常な話だったと思えたからだったろう。1980年代初頭に森村誠一氏の『悪魔の飽食』が出版されて広く知られるようになった731部隊の実態を、私は敗戦のわずか1～2年後、6～7歳の時すでに心に刻み付けていたのだった。その時、私は確かに昭和の業を背負った。

だがある時期以降、父はその話を全くしなくなった。長い間、私はそれを父の心から戦争体験が薄れたためだと思っていた。けれどある時私は、父の731体験が大きな闇を抱えていることに気付いた。戦後のあの酒盛りの場で、父は731の最後の場面も声高に話していた。捕虜の射殺と焼却、施設の爆破、父の話していたことのすべては、後に明るみになった部隊最後と全く同じだった。

だが父は敗戦時には満州ではなく阿蘇山に構築したトーチカの中にいたはずだ。その父がなぜ、あれほど正確に731の最後を知っているのか。あの頃私の家に電話はなかったし、見知らぬ人が訪ねてきた記憶もない。とすれば父は、戦後どこかで部隊の残党と会っていたに違いない。会ったとすれば、敗戦後九州から長野へ移動する間だったろう。そこで父は残党となにを話し、なにを打ち合わせたのだったか。だがそれにしても、秘密厳守であるはずの部隊の内実をああもあけっぴろげにしゃべっていた父にとって、731体験とは一体なんだったのか。そしてある時期以降の父の沈黙は、本当にただ戦争体験の風化によることだけだったのか。

長い間解くことのできなかったその疑問が氷解したのは1995年、戦後実に半世紀たった時だった。ある集会で私は731研究の第一人者である常石敬一神奈川大学教授と隣り合わせに座る機会を得、自分の父親が731の軍医だったことを告げた上で、戦後ある時期以降の父の沈黙について語った。

「ああ、それは帝銀事件のせいでしょう」と、教授はこともなげに、私が全く予期していなかった返事をした。教授の説明は以下のようだった。

1948年、帝国銀行椎名町支店で12名の行員が毒殺された事件の解決は困難を極めた。その捜査の過程で犯人のあまりにも鮮やかな手際から毒物や細菌の扱いに手馴れた731部隊の旧隊員の犯行ではないかという見方が浮上、旧隊員に対する事情聴取が始まった。ところがその捜査は突然GHQによって禁止された。アメリカは旧日本軍から秘密裏に入手した細菌兵器に関するデータを独占するつもりだったから、旧隊員の動向が社会的に公然化するのを嫌ったのだ。その時、GHQは731に所属していたすべての軍医のもとを回って厳重な緘口令を敷いた。

長野県には昭和二十〇年〇月に入っています。

と教授がいった年月を私は忘れてしまったが、父は間違いなく48年から49年にかけてのどこかでGHQの取調べを受けていたはずだ。父はその中で、731のことをしゃべったら命はないぞ、というに近い口止めをされたのではなかったろうか。父はきっと、731でしたことを戦争中の手柄ぐらいに思っていたのだ。それは南京大虐殺の中で百人斬りをした兵士がそのことを手柄話としていたことと同じだった。旧日本軍の荒廃しきった倫理を身につけたままの父にとって、GHQの取調べは世界の底が抜けるような驚愕と恐怖に満ちたものだったに違いない。父の沈黙は731体験の風化によるものではなく、まして罪の意識にさいなまれたためでもなかった。父は死の恐怖の前で口を閉ざしたのだ。731部隊という昭和史の中の巨大な闇に帝銀事件というもうひとつの闇が重なったその時、父の心の中の闇の部分が明らかになったのだった。

だがソ連もまた細菌兵器のデータを欲しがっていた。柄沢他の、逮捕した旧731部隊員を執拗に尋問して全貌をつかんだソ連は、細菌戦に関するデータのアメリカ独占を阻止した。つまり父や柄沢が作り出した細菌兵器は、戦後の冷戦構造の中で重要な戦略兵器のひとつになっていたのだが、父はそのことに全く無知だった。ということは、敗戦直後に残党と密会した後、父には部隊に関するどんな情報ももたらせられなかったということになる。闇は闇のまま野ざらしになっていて、父はGHQに喚問された時、突然そのことに気付いたのだった。

その数年後、私達の一家は長野県下の別の農村に引っ越した。あれは偶然だったのかもしれないが、引っ越した先は柄沢十三夫の故郷である農村の隣村だった。父はそこで当時農村ではまだ珍しかった大型のオートバイで往診に回っていたが、暇な時にはいまでいうツーリングに出かけていた。その途次、父は柄沢の実家に寄ったことはなかったろうか。戦後の父が柄沢をどうおもっていたかは私にはわからないからこれは私の推測に過ぎない。だが私には、父と一緒にその村を歩いていた記憶がある。その村のどこへ、なにをしに行ったのかの記憶は全くない。時期的にいってそれは、柄沢がハバロフスク裁判で禁固20年の判決を受けた後だった。だからその時期の父は、柄沢はもうこの村へは帰ってこられないだろうと思っていたはずだ。その村へ、父はなぜ私を連れて行ったのか。だがそれもまた、私の推測のひとつでしかない。

移り住んだ村に、私達はわずか3年いただけだった。村の診療所長という枢要な地位にありながら、父は村にいられなくなるような不祥事を起こし、夜逃げ同然に辺鄙な寒村に引っ越したのだった。それ以後の数年の間、それは私が中学から高校にかけての多感な時期に当たっていたが、父は心の中で何かが壊れたように、家族や仕事をかえりみないまま酒と薬物の中に沈んでいった。病者を癒し、病気の蔓延を防ぐことを使命とする医師の身でありながら、逆に大量培養した病原菌をばら撒いて病者や死者を出し、さらには罪のない人間を捕まえてきて人体実験をするという背徳の中で生きてきた父の倫理の荒廃が、あの頃、心の奥深くにまで達したのかもしれなかった。

その村にも3年いただけで、父は戦後最初に住んだ山村に舞い戻った。その村は戦後すぐに死んだ私の生母と、その後父が再婚した継母両方のふるさとだったから、私達の親戚が多くいた。父はそんな人たちの支えと励ましを受けながら、おそらく奇跡的に薬物地獄から脱し、正常な仕事と生活が送れるようになった。ちょうどその頃から、私は心理的にも空間的にも父から離れた。青年期の私と父との間はずっと断絶寸前の緊張をはらんでいたが、父から離れることで731という不気味な闇や父の心の荒廃から離れられると、私は無意識のうちに考えていたのかもしれない。たしかに距離をおくことで、私に中の父に対する気持ちは次第に落ち着いていった。

そう思っていた私が731の不意打ちをくらったのは、私が30過ぎの遅い結婚をした直後、妻と共に父の家を訪ねた時だった。その晩、たぶん私はひとりで勝手に酔っ払って寝てしまったのだと思う。そのあと、父は息子の嫁の酌で飲みながら、ひと晩かかって731の話を私の妻にしたというのだ。

「驚いたけど、お義父さん、罪の意識や後ろめたい気持ちは持っていないみたいだったよ」

翌朝妻からそう聞いた時、私は心の奥からにがい、腐臭に充ちた汁が湧き上がってきたように思った。『悪魔の飽食』が出版される前だったから、妻は当然何も知らなかった。父は全くとんでもない結婚祝いを嫁に贈ったのだった。

父の731体験の根底にある倫理は、結局戦時中のままだった。それを無造作にしゃべると周囲の顰蹙や反発を買い、さらには社会的に抹殺されるような危機さえ招くから沈黙を守っていたにすぎず、その恐れのないところでは、父はやっぱり手柄話のようにしゃべりたかったのだ。父はその倫理の荒廃が自分の人生や家族の心と暮らしをどれほど汚染したかということには、全く気付いていなかった。逆にいえば、そのことに気づく敏感さと倫理的基盤を持っていたら、父は731のおぞましさを自覚していたはずだ。だがそれはないものねだりというものだ。そんな繊細さと倫理的潔白感を持っていた人間は、そもそも軍人などにならず、徴兵すら拒否して国家権力に抹殺されていただろう。近代日本の権力は個々の民衆にそこまで過酷な決断と選択を迫っていた。そして戦後の父には、その歴史の限界を乗り越えるような力や機会は、内在的にも、外圧としても遂にやってこなかった。

その数年後のある夜、父は自殺した。縊死だった。遺書はなかったから、死の引き金を引いた直接の原因は全くわからなかった。医師だった父は薬品を使ってもっと楽に、そして無様な姿を見せずに死ぬことはいくらでもできた。にもかかわらず縊死を選んだ父の脳裏には、柄沢の死に様が浮かんでいたのだろうか。ともあれ、父は最期にもうひとつの大きな闇を私の前に残して逝った。

柄沢の死を知らされた柄沢夫人は、こう語ったという。

内地に帰っておめおめと生きていかれるような性分の人ではなかったと思います。自分のやったことを日本人が赦してはくれないだろう、と考えたのではないでしょうか。お国のためだという申し開きができることではないと……

その言葉を借りれば、父は戦後35年、内地でおめおめと生き続けた。その戦後日本の社会は731を不問に付し、あまつさえ戦後世界を支配したアメリカは731の悪事が暴かれないように保護し続けた。青年期の私が父の戦争体験に突っかかっていった時、父は苦しそうに「みんなお国のためだった。国の命令は絶対だった」とつぶやいたきり口を閉ざしたが、この国はその言い訳を受け入れ、731も、南京大虐殺も従軍慰安婦も全て赦した。その観点に立てば、柄沢は死ななくてもよかった。

だがそうではない。かつて日本軍将校として、同じように細菌戦遂行の任務に全力で取り組んでいたふたりのうち、柄沢は帰国の前夜、自ら命を絶った。その死はソ連軍による尋問と裁判という外からの力がきっかけだったとはいえ、死の直前の柄沢は自らの戦争責任を自覚し、罪を償おうとする地点にまで達していたと思う。そこから先の一歩を、罪を背負って贖罪の生を生きる方向に踏み出すか、死に向かって踏み出すかに、たぶん違いはない。柄沢は死ぬことによって罪を償う道を選んだ。

一方、父は生き続けた。私は、父もまた柄沢と同じように戦後の早い時期に罪を悔いて死ぬべきだったといおうというのではない。最後の場面での柄沢にとって生と死が等価であったとするなら、死を選ばずに生き続けた父は、柄沢の死に匹敵するだけの生を生きるべきだったと思うのだ。先に書いた「日本軍将校トシテ細菌生産任務ヲ遂行スルタメ全力ヲツクシタリ」という柄沢の言葉は、ソ連軍に逮捕された直後に書かれた供述書にあるものだが、そこに見られるのは日本軍将校としての矜持だけで、戦争犯罪に対する自覚や反省の念は見られない。そこから柄沢夫人のいう心境までの距離は私の想像を絶するほど遠い。柄沢はその距離を、逮捕、尋問、裁判という外からの力のもとで埋めていったのだろう。そして最後に、おそらくは絶望にみちたある心境――柄沢夫人の言葉を借りれば「日本人は赦してくれないだろう」という心境にいたり、自死を選んだ。

柄沢の絶望的な予測に反して戦後の日本は731を赦したが、その赦し方は奇妙なものだった。「赦し」とは「罪」を自覚し、悔い改め、贖罪のための生を歩み始めた時にはじめて成立する。けれど戦後の日本人や日本国家は731を正面から取り上げないまま歴史の表面から抹殺しただけだった。その赦し方は、父にとってとりあえずは都合のいいことだったろう。けれど父は、自分の731体験をこの社会が決して受け入れようとはしていないことを知っていたはずだ。父の心の奥底には、逮捕直後の柄沢の心にあったのと同じ日本人将校としての矜持が宿っていた。父は柄沢とは違い、その矜持を戦後もずっと持ち続けていた。そのため、走り出した戦後社会と父の心との間には乖離が生じ、それは次第に拡がっていった。父が転々と引越しをし、不祥事を起こし、酒や薬物に沈んでいったのは、おそらくその乖離から生じる生きにくさのためだったろう。父が死の数年前に息子の嫁に731のすべてを語ったのは、自分の体験、自分の人生を現実世界に受け止め、認めてもらおうとした最後の試みだったろう。だがそれも空しい願いにすぎないと悟った後の父には、死が残っているだけだった。父が死の手段として柄沢と同じ方法を選んだことにはなんの意味もない。父の死は、柄沢の死とは全く次元を異にするものだった。

父は最期まで、731を含めた自分の戦争体験を考え直すことをしなかった。お国のために人を殺し、お国のために何度も死を覚悟した体験が、父の精神を縛り続けていた。父はその体験と戦後社会との乖離のために道を見失って一度は地底にまで引き降ろされかかり、辛うじてその危機から生還した後も、731を含めた戦争体験から脱却することができないまま自ら命を捨てた。

それもまた昭和史の中に無数にあった悲劇の一齣であったと父の生涯を歴史の中に突き放すことで、私はようやく私の人生をも強く呪縛していた「昭和の業」から解き放たれたのだった。

※左記の文章を参照させていただきました。

近藤昭二「細菌部隊将校の顛末　柄沢十三夫の場合」（雑誌『戦争責任』②、1994年7月、樹花舎）

第4章　昭和への挽歌

野崎忠郎

1　父の原像

見渡す限り短い草が生えた平原で、地平線まで樹木は一本も見えなかった。やや離れたところに粗末な家が十数軒かたまって建っていた。マンジン（満州人）部落である。母をはさんで姉と私とが三人横並びに立ち、母はまだ赤ん坊の弟を抱いていた。私達が立っていたのは、私達の家の庭だった。家はレンガ造りで屋根にはオンドルの煙突が立ち、遠くに見える集落の粗末な家とは全く違っていた。庭には花畑があり、私達の前には父が立っていた。

父は軍服を着て戦闘帽をかぶり、革の長靴を穿いて腰には軍刀を下げていた。父の前に黒い豚の死体がひとつ転がっていた。豚の死体の横に、小柄な男が一人土の上に正座していた。マンジンだった。父は右手に拳銃を持ち、銃口を男の頭に向け、指を引き金にあてていた。男は両手を上にあげて何事かを喚き、それから土に額をつけてひれ伏し、父に向って詫びていた。男は大声で泣いていた。父がマンジンにいっていることの意味が、私には理解できた。

いいか。お前たちが放し飼いにしている豚が、何度となく俺の庭にはいってきて花畑を荒らした。俺はお前たちに何度も警告したが、お前たちは豚の放し飼いを止めなかった。だから俺はお前たちの豚を殺した。いいか！　今度お前たちの豚が俺の花畑を荒らしたら、俺はお前を撃ち殺すぞ！

男は再び両手を上げて何事かを喚き、それから泣きながら父の前にひれ伏して体を震わせていた。

私は弟を抱いた母と姉との三人で、父の後ろに立ってその光景を眺めていた。おそらく私が4歳の時の記憶だ。けれど私には人が人に銃を向けていることの意味がわからなかった。

その時私が見た光景が、私にとっての父の原像である。

その後父は戦場に去り、私達は内地に引き上げたから、父と共に暮らすようになったのは敗戦の年の秋に父が復員してからだった。私はその時小学校にはいっていた。幼少年期の私の心に父の原像が浮かんでくることはなかった。けれど思春期を過ぎて青年期にはいるころから、あの、父の原像が次第に強く私の脳裏に浮かびあがるようになった。そしてその頃には、人が人に、それも全く無防備な人間に銃を向けるということの意味が、私にはわかっていた。私はその原像、というよりは私の眼前で起こっていた現実、そこに絶対者として立っていた父親をどう受け止めるべきなのか、わからなかった。父の前に出ると、あの原像の父が必ず浮かび上がり、私は父とどう向かい合ったらいいのかがわからなくなっていった。父が生活を崩したこととも重なって父と私との間の心理的距離は次第に離れ、しかもよじれて解くことができなくなっていった。

大学にはいるために父の元を離れた私は、父との間にあった緊張の糸が切れたように転々と居場所を変え、当然のように仕送りがなくなったために大学はやめ、父にとって私は行方不明の存在になった。そんな暮らしの中で、私の中で父と間の心の関係が逆転した。私が高校の頃酒と薬物の地獄に沈んでいた父がそこから生還した時、今度は私が精神医療の患者になっていた。あるメンタルクリニックで丁寧な面接治療を受けていた時、私のとりとめのない話を聞いていた医師が「あなたはお父さんの前で土下座をしたいのではないんですか」と問いかけてきた。ハッとした。心の一番奥に隠していた急所にスッと触れられたように思った。私はなにも答えられず、医師もそれ以上のことはいわなかった。その治療がどんな風に終わったかの記憶はないが、あの時の医師の言葉はずっと私の心に残った。

無防備の人間を銃殺する、そのことが絶対に許されないことであるのに私はそれをただ眺めるだけで阻止しようとしなかった。けれどそれは私が4歳の時のことだったから当然のことだ。けれど病的に混乱していた私の心の中では、時間や状況の断片がジクソーパズルのピースのようにバラバラになっていた。私は父の前に立ちはだかって「撃つな！　どうしても撃つならマンジンの前に僕を撃て」といって父の行動を阻止しなければならなかったはずだ。けれど現実の私は父の後ろに立ってマンジンが撃たれようとしているのをただ眺めていただけだった。あの時の父は絶対者としてマンジンと私たち家族の前に立っていたから、私がその父の前に立ちはだかることはできなかった。その私にできること、それは私もまたマンジンと共に父の前で土下座をして赦しを乞うことだけだ……あなたはそう思い込んでいるんでしょう、その思考の混乱と心理的葛藤を乗り越えない限り、あなたは今の苦しみから解放されませんよ……それがあの時医師が私にいっていたことだったのだ、私がそう気づいたのは医師の言葉を聞いてから10年以上過ぎ、父が自裁した後のことだった。

私は、戦争後遺症として心を病んだ父がおちいった酒と薬物の依存症から生還して私を大学に進ませてくれたにもかかわらず、それを放棄して父との縁を切ったことに強い罪悪感と劣等感を抱いていた。私は父に合わせる顔がないと思い続けていた。その罪悪感・劣等感と戦うことが、私の青春の10年間のすべてだった。けれどその10年の中でチリジリになっていたジクソーパズルのピースを拾い集めて絵を作り直していたら、その最先端に、マンジンに銃を突き付けている父の姿が浮かんできた。その時、「原罪」という言葉がふいに浮かんだ。あれが私の原罪であり、父の原罪であると思った。その原罪の光景から医師の指摘まで30年、そしてその意味がわかるまでさらに10年以上……「父の原像」は私の人生の最も大切な時期のすべてを、最も奥深いところで支配していた。

だがそれは、私ひとりだけのこと、私の父ひとりだけのことだったのだろうか。

2 傷痍軍人

1965年のある日、私は東京・山の手地区にある大きな社会福祉法人を訪ねた。広い敷地には様々な施設があった。知的障害（その頃は精神薄弱といっていた）児・者施設、児童養護施設、老人ホーム、母子寮、保育園などが軒を並べていた。近くに大学もあるその一帯は文教地区といってもいい住宅街だった。その中になぜ多くの福祉施設があったかというと、その広い敷地が敗戦まで兵舎のあった国有地だったからだ。赤紙をもらった招集兵はそこに集合し、各部隊に編成されて戦場へ赴いていったのだった。戦後国はその敷地に様々な福祉施設を建て、戦後処理にあてたのだろう。

そのうちのひとつ、私が訪ねたのは重度身障者施設だったのか、生活保護法による宿所提供施設だったのか、もう記憶は定かではないが、その施設は戦前に兵舎だった木造の建物をそのまま使っていた。大きな建物の真ん中に奥までまっすぐ廊下があり、両側に部屋が並んでいた。廊下に照明装置はなく、薄暗かった。「廊下の真ん中を歩くと穴が開いていて足を突っ込むので端っこを歩いて下さい」と注意された。何しろ戦前から使っている建物なのだ。その施設に収容されていたのは傷痍軍人だった。両足を失った人、両手を失った人、両眼を失明した人、中には両手、両足を失った人達が、薄汚れたベッドの上に転がされていた。

敗戦直後、松葉杖や義足に白衣姿で街に立ち、アコーディオンやハモニカを奏しながら喜捨を乞う傷痍軍人がいたということは田舎の子どもだった私も知っていた。けれど私が上京した戦後10年以上たった時には、傷痍軍人のそんな姿はもう街では見られなかった。だから傷痍軍人という言葉は私の脳裏からは消えていた。その人達に、私は不意に出会ったのだ。その驚きに、私は視線を逸らすことも声を出すこともできなかった。ベッドの上に転がされている人達も何もしゃべらず、視線を動かすこともなかった。その人達が壊されているのは体だけでなく、心もまた壊されていることは明らかだった。その姿と心で、その人達はすでに戦後20年

「生きていた」

それよりも障害の軽い人達（といっても片手、あるいは片足をなくした人達）は、知的障害者を小間使いにして軍人恩給でタバコや酒を買いに行かせ、昼間から酒を飲みながら花札賭博にふけっているという。職員が注意すると「てめえら、誰のお陰でそうやってのうのうと飯を食って生きていられると思ってるんだ。俺達がどんな地獄をくぐってこんな体になって帰ってきたか知ってるのか。偉そうなことを抜かす前に俺の腕を返せ」とすごむので、怖くて注意もできないんですよ、と若い職員はいっていた。理は傷痍軍人の方にあった。

前の年には東京オリンピックがあり、日本は戦争の惨禍を乗り越え、経済大国としての道を歩み始めたことを世界に向かって高々と宣言した。そして数年後には大阪万博の開催が決まっていた。その「繁栄」の裏側で、傷痍軍人達はそのあとまだ数十年は続くだろう闇の人生を送ることを強いられていた。それが私達の戦後の一面だった。

１９７０年頃だったと思う。私は都立松沢病院という大きな精神病院に勤務する医師から、こんな話を聞いた。「松沢に戦争で頭に大怪我をして脳に傷がついた人達がまとまって入院している病棟があってね。その病棟では気圧が変化する時期になるとざわざわ荒れだすんだ」

「なぜ気圧の変化が精神症状に関係するんですか?」「ほら、例えばむかし捻挫した関節や骨折した後が天気の悪い日にはしくしく痛むことがあるでしょう。あれと同じことで、脳という一番デリケートな生理器官が気圧の変化に敏感に反応するんだな。昔から木の芽時（コノメドキ）になるとキ印の人はおかしくなるっていうけれど、木の芽時というのは春先、気圧配置が冬から春に変わる時期でしょう。その時期になると脳損傷のある人は、気圧に精神が反応するんだな」「どうするんです、そういう時には」「決め手はない。けれどその病棟が荒れた時には医者が行って軍歌を唄うと収まるんだ」

医者と精神病者が肩を組んで《貴様と俺とは同期の桜》って唄うのか、おかしいな、と若かった私はその時思っただけだった。けれどその後、私の中であの時の医師の言葉の持つ意味が変わっていった。医師や看護者は、荒れる病者を鎮めるために様々な試みをしただろう。無論鎮静剤も使っただろうがその効果も一過性のものに過ぎない現実に直面した医師が苦し紛れに病者と共に軍歌を唄った時、思いがけなく荒んだ病者の心が鎮まった、そんなことがきっかけだったのかもしれない。医師にとってそれもまたその場しのぎの一策だったとしても、病者にとってはその時医師が治療者としての上からの目線を捨て、病者と同じ目線に立って自分達の苦しみや悲しみ、湧き上がってくる戦場での恐怖や絶望を共有してくれたと感じたのではなかったか。その時、病棟は戦友会の場になった。元兵士達にとって、戦友会だけが戦場で体験した恐怖、絶望、死との直面、苦悩を語り合い、共有し、一時のカタルシスを得るたった一つの場だ。医師は病者と一緒に軍歌を唄うことで戦友会の一員になった。いっさいの医療行為が無効だと知った時、医師はその先に、人間として悲しみや絶望を共有するという境地を見出した。たとえそれもまた一時的な効果しか持たないことだとしても、それこそが、そしてそれだけが、心と体を病んだ病者にとっての唯一の治療法だということを、医師は私に教えてくれたのかもしれない。あの時松沢に入院していた人達は、おそらく生涯閉鎖病棟に閉ざされた末、ほとんどもう死んでいるだろう。あの医師もすでに亡くなった。

この先私に許されている時間がどんなに短くても、私はあの医師と病者たちに教わったことを決して忘れず、可能ならばそのことを次の世代の人達に伝えることが、私にとっての最後の役割として残っていると思う。

3 従軍慰安婦

ホームページ「731部隊展」のトップページを開くと、左側に様々なページが目次、あるいは見出しとして列挙されている。そのうちの「第5回　戦争の加害・パネル展（横浜）2020年開催」のページを開くと、展示される項目がいくつか並び、その内容が簡単に紹介されている。その項目の一つに「従軍慰安婦」があり、そこには以下のように書かれている。

満州事変、日全面戦争、アジア太平洋戦争、15年にわたる戦争の中で、日本軍は朝鮮半島などの植民地や占領した中国、東南アジアの女性を強制的に日本兵士と性行為をさせる「慰安婦」をつくりました。

この紹介文では、慰安婦にされたのは植民地や占領地の女性であって、日本人女性が慰安婦にされたという記述はない。なぜだろう。この文の前提にあるのは、「日本人女性はやまとなでしこ、日本軍がやまとなでしこを自国兵士のための慰安婦にするわけがない」という認識、というより根拠のない思い込みがあるからだろうか。それとも日本人慰安婦のことは隠しておかなければ国際的、国内的に都合が悪いという政治的思惑で私達の全員が洗脳されているからだろうか。

1960年代初頭の数年間、私は東京・練馬にある婦人保護施設「いずみ寮」という福祉施設の職員をしていた。昭和33年3月に成立した売春防止法に基づいて建てられた施設だったが、売防法の根底にあったのは「国家が売春を公認していたのでは国際的にメンツが立たない」という恥の意識だったろう。それはともかく、私は居住棟の外に建てられた作業棟であるクリーニング工場で働いていた。入所者は女性だけの施設だったから、居住部分には施設長などの管理職以外の男性は出入りしないということが暗黙の規則になっていた。だから私はMさんとは話をしたことはもちろん、会ったこともなかった。Mさんは脊椎損傷で寝たきりで、それは梅毒菌によることだと聞いていた。Mさんは日本人だが慰安婦だったということも聞いていた。そのMさんが、「私がたどらされた道、経験しなければならなかったことを大勢の人に知ってもらいたい」という動機で毎日ベッドの上で自叙伝を書いていると聞いた時、私ははじめ不思議に思った。普通人間は、無残でみじめで恥ずかしい過去は隠す。慰安婦体験はそのきわみにあるといっていい。その、人間としての極北の体験のすべてを敢えてさらけ出そうとしているMさんの心が、その時の私にはわからなかった。それにたとえMさんがその手記を書ききったとしても、そんな文章を出版してくれる書房があるとも思えなかった。

その後「いずみ寮」を運営する法人は千葉県・館山市にもっと大きな婦人保護施設を建てることになり、その動きからはじき出されるようにして私は「いずみ寮」を辞め、婦人保護施設とは縁が切れた。「いずみ寮」との縁が復活したのはつい最近である。そして私は、Mさんが練馬の「いずみ寮」から館山にできた「かにた婦人の村」に移りそこで亡くなったこと、そしてかつてMさんが書いていた手記＝自叙伝を法人が出版してくれて本になっていることを知った。本のタイトルは『マリヤの賛歌』といい、著者名は「城田すず子」というペンネームになっている。誕生から脊椎損傷で寝たきりになるまでを時系列に従って書かれている本の内容についてはここでは触れない。
この本の「あとがき」は、「いずみ寮」「かにた婦人の村」両施設の初代施設長だった深津文雄氏（故人）が書いている。その中に、城田さんが深津氏に口頭でいった言葉が書かれている。

兵隊さんや民間人のことは各地で祀られるけれど、中国、東南アジア、南洋諸島、アリューシャン列島で、性の提供をさせられた娘たちは、さんざん弄ばれて、足手まといになると放り出され、荒野をさまよい、凍りつく原野で飢え、野犬か狼の餌になり、土にかえったのです。軍隊が行ったところ、どこにも慰安所があった。看護婦はちがっても、特殊看護婦となると将校用の慰安婦だった。兵隊用は1回50銭か1円の切符で行列をつくり、女は洗うひまもなく相手をさせられ、なんど兵隊の首をしめようとおもったことか。半狂乱でした。死ねばジャングルの穴にほうり込まれ、親元に知らせる術もない。それを私は見たのです。この眼で、女の地獄を……

この血の叫びが創作であるはずがない。にもかかわらず、なぜ私達の戦争史、昭和史には城田さんの叫びが書かれていないのだろう。例えば細菌戦、ガス兵器などの史実を隠蔽しているような厚い壁が、日本人慰安婦の史実を隠しているわけではない。ならばなぜ……見たくないものからは顔をそむける、それ以上の理由は、私には想定できない。

城田さんが深津氏に語った言葉には続きがある。

40年たっても健康回復はできずにいる私ですが、まだ幸いです。1年ほど前から、祈っていると、かつての同僚がマザマザと浮かぶのです。私は耐えきれません。どうか慰霊塔を建てて下さい。それがいえるのは私だけです。

深津氏はその願いを受け入れ、資金を集め、館山の山上に元慰安婦の霊を祀る慰霊塔を建て、毎年その慰霊塔の前で慰霊祭が催されている。広島、長崎での原爆被災の慰霊祭は全世界からの参列者を集め、終戦記念日には国家が慰霊祭を開き、靖国神社があり、千鳥ヶ淵には全戦没者のための墓苑もあり、国中から慰霊の心が参集する。けれど館山の山上にある日本人元慰安婦のための慰霊塔を知っている人はどれだけいるだろうか。

大阪大学大学院教授の北村毅先生は、次のようにいわれている。

沖縄末期の戦場では、沖縄の遊郭の女性、慰安婦、看護婦、軍属・軍人の女性を引き連れて、沖縄末期の戦場を逃げ回っていた将校、下士官クラスの敗残兵が多く目撃されています。これは戦後へと続くこの国の女性全体に対する扱いの問題ではないかと思います。

沖縄には「ひめゆりの塔」がある。沖縄戦末期に看護要員として学徒動員され、戦闘の中で死亡した女性のための慰霊塔である。それはそれでいい。だが前記、北村先生の文にあるような、実質的に慰安婦とされた女性たちもまた、そのほとんどが負け戦の中で命を落としているはずだ。にもかかわらずここでもまた、彼女たちのことは歴史に記されず、慰霊・鎮魂の碑も建てられていない。彼女達もまた城田さんがいう「ジャングルの穴にほうり込まれ……」と同じ運命をたどり、そして歴史や記憶からさえ無視されてきた。

4 結語

私はこの小文を「父の原像」から書き始めたが、書き終わるためにはもう一度「父の原像」に戻らなければならない。けれどここに書く父の原像は、敗戦後私たち家族のもとに帰還して以後の父の生き様が主題となる。

私の父は敗戦の年（1945年）の秋に妻（私の実母）の実家のある、長野県の山村に復員した。けれどその時、妻はすでに肺結核で死の床に就いていた。翌年の5月、私が小学校に入った翌月、妻は死んだ。医師だった父はその農村で看護婦を雇って開業医をしていたが、その翌年、海軍病院で看護婦をしていた人と再婚、再婚相手とそれまで父の看護婦をしていた人とは同じ村の隣部落出身の幼馴染だった。父と再婚した後妻（私の継母）は、結婚してすぐ服毒自殺を図ったが、失敗して命を取り留めた。父が雇っていた看護婦の腹に父の子がはいっていたのだ。その数年後、父は別の農村に移り住んでそこの診療所長をしていたが、そこでも看護婦に手を付け、村から追放されている。父の心の中では戦後になっても、城田さんや北村准教授がいっているように、身近にいる看護婦は慰安婦だったのだ。そのために後妻を含めた三人の女性の心にぬぐうことのできない傷と屈辱を与え、そして私がまだ子どもだった私達の家庭は氷のような冷え冷えとした空気の中に沈んだままだった。それが私にとって、戦後における「父の原像」であり、これもまた戦争の残した後遺症だったといっていい。

私達が昭和の中へ置き捨ててきた負の遺産は、限りなく大きく、重い。

（2021年1月）

＊「マリアの賛歌」
著者　城田すず子
発行所　かにた出版部
〒294―0031　千葉県館山市大賀594
社会福祉法人ベテスダ奉仕女母の家　かにた婦人の村
☎0470―22―2280
「マリアの賛歌」取り扱い
かにた後援会　嶌田
直通電話　080―4770―6985
Mail：kanitakouenkai@gmail.com
＊「かにた婦人の村」の五十嵐逸美施設長のご了解を得ています。
＊文中の北村毅氏（大阪大学大学院教授）の文章の引用についてはご了解を得ています。
＊室田元美氏著『ルポ　悼みの列島』の「『従軍慰安婦の碑』は語る」を参照させていただきました。

ＰＴＳＤの復員日本兵と暮らした家族が語り合う会
2018 年 1 月 17 日発足。代表は黒井秋夫。
2020 年にＰＴＳＤの日本兵と家族の交流館を設立。
【連絡先】
〒 208-0001　東京都武蔵村山市中藤 3-15-4
☎ 080-1121-3888（黒井秋夫）
メールアドレス　qqkc6av9@ceres.ocn.ne.jp
ホームページ　https://www.ptsd-nihonhei.com

ＰＴＳＤの日本兵の家族の思いと願い

2023 年 6 月 7 日　初版 1 刷発行 ©
2023 年 7 月 31 日　2 刷
編　者― ＰＴＳＤの復員日本兵と暮らした家族が語り合う会
発行者― 岡林信一
発行所― あけび書房株式会社
〒 167-0054　東京都杉並区松庵 3-39-13-103
☎ 03. 5888. 4142　FAX 03. 5888. 4448
info@akebishobo.com　https://akebishobo.com

印刷・製本／モリモト印刷

ISBN978-4-87154-231-9　c3020